Natural
Parenting System

育儿自然体系

〔美〕方建云 著

重庆大学出版社

图书在版编目(CIP)数据

育儿自然体系 / (美)方建云著 .-- 重庆 : 重庆大学出版社, 2023.8

ISBN 978-7-5689-4093-1

Ⅰ.①育… Ⅱ.①方… Ⅲ.①家庭教育 Ⅳ.①G78

中国国家版本馆 CIP 数据核字(2023)第 141469 号

YU'ER ZIRAN TIXI

育儿自然体系

[美]方建云 著

责任编辑:陈 曦　　版式设计:陈 曦
责任校对:谢 芳　　责任印制:张 策

*

重庆大学出版社出版发行
出版人:陈晓阳
社址:重庆市沙坪坝区大学城西路 21 号
邮编:401331
电话:(023)88617190 88617185(中小学)
传真:(023)88617186 88617166
网址:http://www.cqup.com.cn
邮箱:fxk@cqup.com.cn(营销中心)
全国新华书店经销
重庆亘鑫印务有限公司印刷

开本:889mm×1194mm　1/32　印张:7.25　字数:177 千
2023 年 8 月第 1 版　2023 年 8 月第 1 次印刷
ISBN 978-7-5689-4093-1　定价:45.00 元

导言：我和育儿家教的自然体系

写作背景

我有三个孩子。

长女方舟于2019年被普林斯顿等多个世界顶级名校录取，最终进入普林斯顿，主修横跨多个学科的理工类专业"运筹学与金融工程"，同时还副修计算机科学、金融学、统计学与机器学习。目前还在普林斯顿上大四，在离毕业还有约一年的2022年9月就得到了世界著名投行的工作邀请。方舟从小就对中文和中国怀着浓厚的兴趣，大学期间修了一年半的中文课，已经具有相当不错的中文水平。此外，方舟在音乐、舞蹈、美食和旅游方面也表现出兴趣。大学期间，她经常和朋友们去听音乐会、旅游观光、享受美食等。她性格温和体贴，待人豁达大度，是普林斯顿多个学生社团的领袖人物，乐于交友，忙碌并快乐着。

次女方帆2021年被哈佛、普林斯顿、斯坦福等名校录取，后来决定选择哈佛。起初她打算主修人类学，一学期后改为哲学，后来又想学教育学和建筑学。在和比较文学的老师交谈时，她突然感觉"相见恨晚"。方帆很小就开始写小说，又对中国的历史文化和哲学抱着浓厚的兴趣，难怪她着迷于比较文学；她对艺术与绘画的酷爱又是她喜欢建筑设计的基础。方帆的主要兴趣是读书，此外，她还喜欢音乐、绘画和烹调等。方帆性格内向，喜欢独自思考，与姐姐的性格和学习方法截然不同。

儿子方达目前上高三（美国高中为四年），喜欢数学、计算机编程、视频制作和钢琴等，在诸多方面又呈现出与两位姐姐很不一样的男孩学习成长特征。正规学习之外，方达常年代表学校参加各种数学竞赛，并年年获得伊利诺伊州竞赛资格。学校老师发现了方达在视频制作方面的才能，就指定他为学校音乐会、戏剧演出、义务募捐等活动的摄影师和视频制作人。音乐方面，他正在准备一个用于申请大学的钢琴文档，文档有古典音乐和爵士音乐。从高三起方达就是校爵士乐队的钢琴手。这个乐队去年夏天曾和世界级唢呐独奏大师同台演出圣·查理音乐节中的爵士音乐会；圣诞前夕，又和专业爵士乐队在专业音乐厅同台演出。和许多男孩一样，方达喜欢电子游戏、国际象棋、篮球和乒乓球等，音乐和视频制作对他而言也都是"业余爱好"。方达性格开朗，朋友很多，生活充满欢乐，他愿意下功夫去做自己喜欢的事情。

我的两个女儿有着截然不同的性格特征和兴趣爱好，她们的学习方法很不一样。而儿子在成长的过程中，在诸多方面又呈现出与两位姐姐很不一样的男孩学习成长的特征。

在养育三个儿女的长长岁月里，我发现，父母育儿焦虑、青少年抑郁及一些极端事件均与错误的育儿观念和方式密切相关，这令我深感不安。于是我本着科学探索的精神，尝试将自己的育儿心得及对人生的深刻思考整理提炼成新的育儿家教理论体系，配之以我们的具体事例与操作，融会贯通成一部几乎适用于每一个家庭的论著，希望本书能厘清育儿理念与实践，将成长的幸福归还孩子，育儿的喜悦归还父母。

育儿与家教

育儿始于孩子出生的那一天，对孩子的一般管教始于三五岁，比较正规的教育则始于十岁左右。本书兼顾育儿与家教，涵盖孩子 0～22 岁成长的全过程，在强调高中毕业考上好大学的同时，更着眼于孩子的终身成就，培养孩子走到哪儿就能带到哪儿，并能受益终身的高级心性素养。

育儿与家教是学校教育的前提。育儿甚至可以提前到胎教，等到上幼儿园或小学时，孩子已具备强烈的求知欲，良好的社交心态及和老师同学一起玩乐提高的期盼。这种积极向上的精神风貌是孩子学业成功、全面发展的前提。育儿与家教也是学校教育的后盾。如果孩子在学校遇到困难，如某些问题弄不懂，或被霸凌，或受到某种不公正待遇，回家后就能得到及时疏导，让孩子继续对老师、同学、学校和学习充满激情与信心。

家庭教育是社会教育的保证。在这个互联网的时代，社会的各种信息能迅速、便捷地传到孩子那里，进入孩子的生活，在孩子内心激起层层浪花，而家庭教育则是帮助孩子正确把握这个新时代脉搏的中央枢纽。来自互联网的信息为孩子的成长提供了前所未有的空间和机会，如何帮助孩子正确处理和利用各种信息成为家庭教育的又一核心问题。

自然体系与全书内容安排

本书从我养育三个孩子的实践经验出发，首先建立起包括"滞后教育"在内的、能够正确处理所有育儿家教问题的完备的理论体系，称为育儿家教的"自然体系"。然后通过多种方式将理论应用于各种育儿问题，组成一部围绕育儿家教问题展开的图书。

全书分为四个部分。第一部为自然体系及其一般性应用，以理论与成长共性为主，以我的育儿实践和孩子的独特个性为辅；后三部将理论应用于三个孩子的成长历程，以实践操作和孩子个性特征为主，以理论与共性特征为辅，通过孩子们的成长故事，从多角度揭示育儿的自然体系，使其适用于尽可能多的育儿场景，解决育儿问题。

本书试图按照科学理论的模式建立育儿的自然体系，其原始材料是我们养育三个孩子的实践经验。自然体系不仅能帮助读者很容易地区分出所有正确和错误的育儿理念与实践，还能为育儿问题提供有价值的参考答案。

自然体系还有一个重要的主题，那就是育儿的欢乐，这些欢乐体现在我们三个孩子成长历程的故事之中。一本育儿书，如果只注重问题及其解决方案，缺乏育儿欢乐方面的考虑，难免把育儿当成机械烦琐的操作，缺乏人情味，不可能触及人生与生命的真谛。亲情是人生最大的财富。育儿没有欢乐，就会有焦虑，就是错误育儿。

本书写作的第一个线索是孩子的成长特点，三个孩子分开写以呈现他们不同的性格特征、兴趣特长、学习方法和特殊才能，三个孩子都成功就说明了本书体系的灵活性和实用性；第二个线索是时间顺序；第三个是育儿内容和理念。例如，第二部方舟的成长历程，从第五章到第十章是基本按照方舟的成长过程推进的，而每一章的标题又反映不同的育儿内容和理念，整部内容围绕方舟展开。

三个孩子在同一家庭长大，很多活动都共同参与，使用的养育方法也有很多相同之处。所以，在三个孩子分开写的大框架下，某些章节又有一些三个孩子合在一起的小插曲，这样养育过程就不会看起来太割裂。

阅读指南

本书读者对象主要是养育孩子的父母、亲属，对育儿家教专家和教育工作者有参考借鉴作用。

自然体系是全书的主线脉络，实践操作示例占据大部分篇幅。三个孩子成长历程中的故事都是有育儿价值的，每个故事都展示了自然体系的某些内容，根据行文特点，作者有时指出、有时又没有指出故事与自然体系之间的具体联系，相信读者们都能从中读出自己的感悟。

本书的中心内容不是个人成功案例的堆积，也不是精英学霸的定制方案，而是为育儿问题提供答案的，适用于每一个孩子的自然体系育儿方法。阅读本书，要掌握自然体系的精神实质，不要试图机械复制、片面照抄。那些文化背景和孩子个性特征不明显的案例，如"带孩子去公园""可乐洒了"，是可以参考复制的；那些由社会环境和性格因素决定的案例，如"申请名校，缺乏信心""拒绝参加高中毕业典礼"，就是抛砖引玉的案例。

建议读者首先通读全书，然后再根据孩子的年龄、性别和性格特征随时重点查阅相关内容。这是一部育儿家教书籍，不是小说，不能读完一遍就束之高阁，而应随着孩子的成长及基于孩子成长中出现的各种问题，通过阅读反思和探讨，调整完善育儿规划。

自然体系的小贴士

本书提出的自然体系很容易掌握。简而言之，就是早期注重智力开发，多陪孩子玩耍，寓教于乐，启发孩子的好奇心、求知欲，培养孩子积极向上的精神风貌和广泛的兴趣爱好，培养基本素质；中期仔细观察孩子的性格特征、兴趣特长，有选择地进行中级素质培养，同时教给孩子正确的学习方法，让他们学会管理时间，指导孩子逐步获得独立管理自己一切事务的能力；后期放手让孩子独立管理自己的事务，追逐自己的梦想，在一两个方面进行高级素质培养，全方位实现理性突破。同时，在处理各种育儿家教问题时，应时时刻刻遵循自然法则，一切顺乎自然，不强求，不走极端，不拔苗助长，以孩子为中心，以幸福快乐为前提。

下面列举了一些小贴士，反映了本书的思想脉络和部分主题内容，能帮助读者记住自然体系的要点。

1.家庭教育胜于学校教育和社会教育！

2.成功的育儿是孩子欢乐成长，父母轻松自如！

3.孩子的纯真，父母的慈爱，体现了人类深层的情感。

4.孩子不是父母的财产，亲情才是人生最大的财富！

5.育儿要因材施教，不攀比，不急于求成，不拔苗助长！

6.育儿要以孩子为中心，不能以父母为中心，不能以学校为中心，不能以考试成绩为中心！

7.早早为孩子刻板地规划未来是错误的育儿！

8.育儿规划贵在灵活易变，能随孩子成长适时调整完善！

9.父母一心要孩子进入最好的小学、初中、高中是以学校为中心的错误育儿！

10.唯分数论是以考试成绩为中心的错误育儿！

11.育儿的起点是孩子出生的那天，甚至更早，育儿的目标是孩子的终身成就，而不是赢在起点！

12.错误的育儿理念与实践是焦虑的根源，焦虑育儿就是错误育儿！

目录

Contents

第一部

自然体系及其一般性应用

　　本部内容属于一般性理论及其应用，适用于所有家庭的所有孩子。在讲述理论和理念时，结合孩子成长的实例较少。

一、育儿家教的自然体系

按自然法则育儿，不是对孩子听之任之，放手不管，也不是要教育回归大自然。本书所说的"自然"是指育儿家教的根本规律就像自然运行的规律一样自然而然、无处不在、顺理成章。育儿家教要时时遵守自然法则，不能急功近利，盲目蛮干，拔苗助长，无视孩子的兴趣特长，破坏孩子童年的欢乐，侵占孩子的自由空间，剥夺孩子自由自在全面成长的权利，不给他们自己解决问题的机会，不许他们自己管理自己的事务，如此等等。

育儿家教的自然法则

育儿家教的自然法则就是育儿家教的根本规律，主要包含如下内容：

1.为孩子提供一个自然而然的生长环境；

2.让孩子在这个环境中自由自在全面成长；

3.长成一个能独立管理自己一切事务和有社会责任心的大孩子（最好能完成于初中毕业时，最晚是高中毕业时）；

4.引导孩子掌握处理社会人生各种问题的基本技巧（大学本科完成）；

5.鼓励孩子努力开拓自己未来的生活；

6.在父母和孩子之间自然而然地建立起牢不可破的亲情。

除了这六条与育儿家教密切相关并具有普遍性的自然法则外，生活中还有许多其他法则，例如，"不明白的问题就不要擅作主张"也可以算一条育儿的自然法则，因为违反这条法则就可能造成不良后果。

父母完成育儿任务之后，孩子投入社会，独立打造自己的未来（而不是沿着父母之前为他们制定的目标前进），推动社会向前发展。在整个过程中，父母需要仔细观察孩子的性格特征和兴趣特长，开发他们的智力，养成他们良好的生活和学习习惯，及时正确处理他们学习生活中出现的各种问题，把他们培育成全面发展的优秀人才。

育儿的最高目标是帮助孩子度过幸福的一生，取得可喜的成就，为社会的发展做出贡献。在育儿过程中，任何时候都要着眼于这个远大目标，所有活动都要围绕这个中心展开。为短期利益而牺牲长远利益就是本末倒置，得不偿失。容易看出，"赢在起点"是一个错误概念，由此演变出来的种种育儿实践也不会有好的结果。赢在终点才是真正的赢家，赢在起点是暂时领先，不算赢，也不是真的赢！

父母的育儿任务往往止于孩子大学毕业，或高中毕业进入社会两三年左右，之后孩子还有漫长的人生去开拓自己的未来，此间影响孩子终身成就的因素很多，积极的因素有个人的努力和好运，消极的因素有政策和环境转变、错失良机等。很多因素都带有偶然性和不可预测性，因而正确的育儿也无法保证孩子一生事事如意，却能帮助孩子从容应对生活的变故，对未来充满信心和希望，提高成功的概率。

提供自然生长环境

这里的"自然生长环境"不是指外界的大自然环境，而是要营造自然的家庭环境，家庭之内包括父母的经济条件、知识结构、精神状态、社会地位等因素，家庭之外则有学校的教学与管理方法、孩子所处的社区环境，及国家法律与制度、民族文化与传统等因素。需要声明的是，本书倡导的自然教育理论并不是说要回归大自然，让孩子在大自然中学习成长，免受社会伦理道德与城市喧嚣之危害。

每个父母都想为孩子提供一个优越的生长环境，这是无可厚非的，只是在这样做时不能突破上述"自然生长环境"之界定，亦即不能脱离自己的实际情况，例如，不能在经济条件有限的情况下，仍然花大钱送孩子去多个兴趣班等。另一个问题是如何把一个优越的环境变成一个自然的环境，常见错误是把优越环境变成了非自然的人工环境，人工环境中长大的孩子会有思想、态度、心理问题，会用异样的眼光看待世界、错误的心态面对生活。

让孩子过自己的生活

父母不能把自己的人生理想和目标强加到孩子身上，让孩子去完成自己未能完成的心愿。这样做就会剥夺孩子的个人生活，让孩子失去自由，严重时还会从思想和精神上将孩子彻底摧毁。后果有三：一是孩子根本成不了什么气候，育儿立即归于失败。二是孩子取得了暂时的成功，看上去父母的育儿似乎也取得了成功，但当孩子离开父母独立生活后，很快就会失去生活的目标而陷入精神的空虚和苦闷，因为他们从来就没有体验过真正属于自己的生活。三是孩子终于意识到自己原来一直在为父母而活着，根本就没有自己的生活。这时就会引起孩子复杂的心理变化，又有两种可能的结果，一种是孩子根本找不到父母的任何缺点和过失，有可能干脆放弃以前的生活（因为那是父母想要的生活），陷入一种虚无，产生消极避世的念头。二是孩子通过反思、回顾找到了父母的许多错误，由此产生对父母的怨恨，在感情上和父母疏远，在具体问题上不仅不再和父母沟通，而且在自己决策时还会故意和父母的意见背道而驰。

孩子是一个独立的人，长大后会有自己的生活，从来就不是父母的私有财产，也不是父母生活的附庸。孩子成长的过程就是孩子不断获得知识并形成对社会人生独特看法的过程，因而在养育过程中，父母要注意发现发掘孩子自身的潜力、特点和专长，以孩子为中心因材施教。

孩子的全面发展，除了学业优秀外（这是作为一个学生最基本也是最重要的任务），还有素质的培养，父母应该鼓励孩子积极投身社区活动，关心他人的疾苦，关心集体和国家的前途与命运等。在鼓励和培育孩子这些方面的才能时，父母仍然不能忘记，这些操作要在自然的环境中实现，要符合孩子的天性，得到孩子的认同，是孩子真心的渴望，而不是父母强加给他们的。

独立管理自己的事务与拥有社会责任心

孩子终究要长大，离开父母独自生活，按照自己的理念来为服务社会。养育孩子就是要培养他们独立生存的能力，热爱生活的精神风貌，以及对自己、他人和社会负责的高尚品质。

对独立能力的培养任何时候都不会太早。八九个月还不会走路的孩子，在给他们换尿布时就可以让他们爬过去把尿布拿过来，然后再给换上。幼小的孩子，好奇心极强，就是整天想做这个干那个，无论你交给他们什么任务，都会欢天喜地地去做，而且会反反复复，乐此不疲。与此同时，每当孩子完成一项任务时，父母都要真心夸奖，这样不仅会鼓励他们的热情，培养他们积极向上的精神风貌，还能增进和孩子的沟通，促进他们智力和身体灵活性的发展，培养亲情，增加育儿的欢乐。

常见错误是越俎代庖，什么事情都为孩子做，生怕他们累着。这些做法其实是害了孩子。

掌握处理社会人生问题的技巧

高中毕业后，或上大学，或进入社会，都是孩子自己人生的开始。此后，父母不应为孩子过多地出谋划策，而应鼓励孩子独立处理自己的事务，在孩子成长的方方面面从主导地位退居为参谋或顾问之从属地位。

如果孩子有任何问题拿不定主意，父母可以提出意见以供参考，以期把问题看得更全面、更透彻，然后再让孩子自己做出最后决定。孩子做出决定后，父母就应支持赞同。这样做就是要帮助孩子逐步掌握处理社会人生各种问题的技巧，形成自己的处事风格。

孩子如果做出错误的决定而导致不良的后果，那他们可以从中吸取经验教训，争取将来做得更好，这是每一个人学习成长的正常历程。犯错并不可怕，失败乃成功之母。

此外，孩子的性格、思维、爱好各不相同，行事方法风格也不一样，生活的社会环境及时代潮流又都与父辈的经历有显著差别，父母没有理由继续为孩子苦心孤诣地筹划。

为孩子的未来生活打基础

父母完成育儿任务之后，孩子的未来生活就应该让孩子自己去开拓，就像小鸟飞离窝巢，去自由搏击风雨一样。

现实社会随即成为孩子继续成长的新的自然环境，因而社会责任心和自然成长环境是育儿家教的重要内容。孩子能否在这个新自然环境中茁壮成长，不仅取决于父母对他们的早期培育，更取决于他们的后期努力与开拓。如果父母早期的教导具有长远的指导意义，孩子后期的努力与开拓就会变得容易，成功的概率也会更高。如果孩子早期的成长是充满欢乐的，他们就会对未来充满信心和希望；如果孩子早期的成长是自由的，他们就会展开想象的翅膀；如果孩子早期精力充沛，他们就会面对困难，越战越勇。

育儿就是要为孩子未来的成功打下基础，就是要以孩子一生的幸福和成就为最高目标。

培养父母与孩子的亲情

父母与孩子亲情的自然发展是育儿的又一重要内容。无论孩子一生取得什么成就，或者没有取得任何成就而成为一个普通的人，甚至是一个失败者，亲子关系都十分重要，甚至比孩子的成功与否更为重要。由此出发，我们就知道任何扼杀或淡化亲情的育儿理念与实践都是不可取的。

有的人会用所谓的心理学方法，设计出各种巧妙的实验方法来实现对孩子情绪的有效控制。通过育儿自然法则来引导孩子，让他们的成长过程充满欢乐，与通过有效的实验方法从小对孩子进行情绪控制，是两个完全不同的概念。前者是让孩子自然快乐成长，后者是对孩子进行"控制性成长"。一旦控制失败，后果不堪设想，亲子关系可能丧失殆尽。孩子长大后，重新思考自己的人生时可能会意识到原来自己时时刻刻都处于父母的掌控之中，是父母心理学实验的试验品。与此相反，按照自然法则养大的孩子，什么时候回顾自己的生活，都会觉得一切顺乎自然，只会给他们带来更多的幸福和进一步的自信。

成功是相对的。今天懂得相对论的人很多，我们却不能因此而认为当今社会有很多人都是爱因斯坦一样的天才。一生能取得巨大成就的人毕竟是极少数的。除了父母的培育外，还有许多其他因素会影响孩子一生的成就，包括孩子的天赋、身体状况、机遇、社会环境等。

与此相反，父母和孩子之亲情则是绝对的，可以不受到任何因素的影响。孩子给父母带来的欢乐是人生最根本的欢乐，对所有人而言，都是人生最大的欢乐。这种欢乐就是生命本身。

按自然法则育儿，亲子关系会一步一步自然建立，整个过程必然孩子欢乐，父母幸福。任何让孩子痛苦或父母伤心的育儿都是错误育儿。

育儿家教的自然体系

理论界定

基于上述育儿家教的自然法则，可以很容易就形成适合于养育每一个孩子的一整套方法，这就是一个育儿家教的自然体系。很显然，从自然法则可以衍生出许多不同的适合于不同孩子性格特征及其生长环境的自然体系。我的三个孩子，由于在性格特点和学习方法等方面均呈现显著差异，对他们的养育实际使用了三个不同的自然体系，但每一个体系都是建立在同样的自然法则基础之上的。**自然体系不是一系列固定死板的程序或方法，而是每个父母根据自己孩子的性格特点和生长环境而形成的一整套育儿家教方法。**

此外，我们也可以说，从自然法则出发，可以衍生出许许多多具体的育儿方法，所有这些的总和就构成育儿家教的自然体系。这样定义的自然体系包罗万象，适合所有育儿场景，包含所有育儿家教问题的答案，还能轻易地甄别出错误的育儿理念与实践。

上面两段从两个不同的角度来界定什么是育儿家教的自然体系。从理论角度而言，两种定义是相通相容，相一致而互不矛盾的。前者从特定孩子出发，推演出适合于这个孩子的特定自然体系；后者抛开孩子这个特定因素，推演出适用于任何孩子、包罗万象的最大自然体系。从实用角度而言，使用前者比较自然，因为父母关心的是如何正确养育自己的孩子，对适用于所有孩子的大体系不感兴趣；后者则更容易说明自然体系适用于所有场景的所有问题。

本书要求育儿家教遵循自然而然的基本规律，以孩子的一生幸福和终身成就为最高目标。其中的"自然"是一种比喻，意为"合乎当时场景的最佳方式或策略"，并不是指我们生存的大自然。本书讲人类生存的自然法则意为凡事要遵循事物运行的规律，不走极端，不攀比，不急于求成等。孩子从小就应该学习认识自己生存的家庭、学校与社会环境，学习掌握方方面面的基本知识，没有理由仅仅是回归大自然。育儿要面对现实，而不是躲避到大森林去逃避现实；要展望未来、期盼未来，而不是阻挠新思想、新技术的发生发展，畏惧远离大自然的现实生活。比如，父母收孩子手机的做法就犯了逃避现实、阻挠新技术的错误，正确的做法是教会孩子如何正确使用手机。

为什么不提倡过于严厉的育儿方法

有些父母喜欢使用严厉的育儿方法。如果从小就对孩子严加管教，久而久之，孩子就会习惯和接受这样的生存环境。每当孩子犯错或没有达到父母的期望而受到严厉训斥甚至挨打之后，也能悔过自新，倍加努力。如果孩子资质好、有天赋，最终也可能学业优秀，考上名牌大学、事业有成等等。

这样的育儿环境对父母和孩子而言还都是比较自然的。问题是，从小就对孩子严加管束，必然会压制孩子的好奇心，妨碍早期的智力开发，限制孩子创造力的发展。其次，孩子在受到父母的"严厉训斥甚至挨打"之后，他们真的会获得幸福吗？生存于这样环境中的孩子会自由自在地展开想象的翅膀吗？长大后他们会有很强的创造力、能满怀信心地独立管理好自己的各项事务吗？

自然体系之功用

自然体系要求育儿要有自然心态。育儿的规律就像自然规律那样自然而然，顺理成章。例如，下雨了就撑伞或回到室内，夏日炎炎就着短袖短裤或开空调；病了就休息，康复后再工作。父母面对各种育儿问题，就要有这样的心态，根据当时场景，应用自己的学识和常识，有条不紊，一个一个正确应对，自然处理。

自然体系的宗旨是根据每个孩子的个性特征、学习方法、家庭条件等因素来制订适合这个特定孩子的独特养育方案，**适合于每一位父母对每一个孩子在任何环境中的养育，不是只适用于精英学霸的特殊秘方**。在抛开孩子与家庭等特殊因素而探讨孩子成长的共性问题时，自然体系同样适用，如"自信心的长期培养""如何看待考试成绩"。

本书用大量篇幅将自然体系应用于我们三个孩子的成长历程，旨在通过众多实例从多角度、多层次来揭示自然体系的实质，展示其适用性和有效性。所用的每个故事都展示了自然体系的某些内容，读者可以通过自己的思考来理解，根据自己的情况，按照育儿家教的自然法则，形成自己的育儿体系，养育出聪明的好儿女。

懂得自然法则，能很容易地避免所有错误方法，提高育儿家教效率，但要实现最佳效果，还需要付出进一步的努力，需要在早期有效地维护和开发孩子的好奇心，及时识别和发掘孩子的性格特征、天赋才能，因材施教，尽早尽快培养孩子自己管理自己的事务等。这些方面的相关内容，分散于我们三个孩子的成长历程中。

按照自然法则育儿，就是要根据孩子的实际情况及时调整育儿策略。成长过程中，孩子的实际情况会时常发生变化，情况有变化，指导方式也要做相应调整。例如，方达从小数学冒尖，进入美国奥数竞赛第三轮随即成为他的培养目标，但是，后来他又对视频制作产生浓厚兴趣，奥数热情逐渐减退，高二中期又出现情绪低落，让我认识到来自他原生环境（两位姐姐）的巨大压力。面对这些新情况，我就对方达的培养策略进行了相应调整。

自然体系与环境因素

自然体系以人类社会的自然法则为基础，在综合考虑孩子的生长环境等诸多因素之后，找到育儿家教的最佳方式和策略。在中国就要考虑中国的文化与社会、学校的升学体制及国家相关制度等，在外国就要考虑外国的实情，这正是自然体系超越国家民族文化的界限而适用的根本原因。

问题是某些环境因素有可能同自然法则相违背。例如，幼升小和小升初唯分数论的做法与"三个阶段六个时期"相冲突。在年幼孩子还不具备应试学习心理和能力时，幼升小和小升初的考试就闯进了他们的生活，不仅会破坏他们原本欢乐的幼年和童年，还会妨碍他们早期心灵火苗的播种，导致后期理性突破不足，一生前途受损。中国的高考制度符合自然法则，孩子十八岁进入人生新阶段，应该有一个大的考试。另外，学生挑灯夜战、晚睡早起违背"早睡早起"的自然法则，考试放榜容易早早给孩子贴上一个名不符实的标签，亦违背自然法则。

面对这类情况，父母要着眼孩子的高考成绩、终身成就、亲子关系这些最重要的目标，尽量调和冲突，必要时就牺牲不重要的其他目标。比如，可以放弃幼升小和小升初这样的竞争，初升高则是可以兼顾的；至于每逢考试必放榜，父母可以告诉孩子，高考之前的成绩都不重要。

自然体系的思想境界和广泛实用性

思想境界

人类来自自然，是自然的一部分，人类的生存方式——包括其育儿的方式——必然遵循自然的规律；在反映人类精神世界的社会文化生活方面，自然而然、顺理成章才符合发展的根本规律。这就是自然体系的思想境界。自然体系是一个严密完备的理论体系，能够回答全部育儿家教问题，让所有正确理念自然纳入体系，所有错误理念则由于无法纳入体系而得到甄别。

对育儿问题的化解

按照自然体系养育孩子，很多问题都会自然化解。例如，"如何培养孩子读书习惯？"这个问题实为错误育儿的后果。按照自然体系养育，孩子会自然而然喜欢读书，"如何培养孩子读书习惯"这个问题根本就不存在，或已被自然体系化解于无形。

如果孩子天生不是读书的料，却有成为运动员、杂技演员的天赋，就应该按照这些个性特征进行养育，这样的孩子不是特别喜欢读书就是合情合理的，问题亦不存在。以此类推，其他问题都会被自然体系的理念化解于无形。

如果你的育儿存在焦虑，就说明你没有完全找对方法，还存在错误，可以改进提高；焦虑越烈，错误越多或越严重，改进余地也越大。

对育儿因素的自然处理

如果一个孩子足球踢得很好，钢琴很有天赋，对两项活动都很喜欢，父母应该如何养育这个孩子？自然体系对这个问题的回答是"还要看其他的育儿因素"，下面是一些示范性探讨。

如果孩子各科学习成绩都很好，还有领导等才能，这个孩子就是一个全面发展的好孩子。这样的孩子也一定热爱自己的生活，对人生和未来充满信心，父母之前的养育工作一定做得很好，有一个这样的孩子，父母也一定很高兴。**如果父母在时间和金钱方面的投入没有超过自己的能力，这就是一个成功育儿的例子，目前和将来都不太可能出现育儿焦虑和问题。**

如果孩子的情况仍如上述，只是父母一直负担很重，眼看就要支撑不住了。这时就需要进一步考虑其他因素。如果孩子年龄还小，今后的日子还很长，父母是扛不过去的，父母就要考虑如何减轻自己的负担。如果孩子马上就要高中毕业了，之后父母的负担就轻了，这种情况下，父母可以考虑如何扛过去。

如果孩子各科成绩很差，也需要进一步考虑其他因素。如果孩子年龄还小，就不应该这么早耽误学业，父母应该在如何提高孩子学习成绩方面下功夫。为此，必须先弄清孩子学习不好的原因，然后对症下药。如果孩子面临高中毕业，提高学习成绩已经为时过晚，就要考虑孩子在足球和钢琴方面的真实水平，看看今后如何发展最为合适。

以上仍然是概括性的叙述，例如，在父母如何减轻自己负担、如何扛过去、如何弄清孩子学习不好的真正原因、怎样考虑孩子今后的发展策略等诸方面，都会进一步涉及到更多的其他因素；并且父母的经济实力和时间投入还是两个不同的因素。可见自然体系在处理育儿问题时，不是一个问题一个答案，甚至简单认为"一个问题多个答案"也是一种片面理解。自然体系要求父母根据自己的实际情况，在综合考虑各项相关因素和全面衡量得失及可行性后找到适合于自己情况的最佳方案。

很显然，由于孩子自身的情况不一样，再加上家庭条件、学校教学、社区环境、国家法律制度、民族文化传统等多种因素的差异，一个育儿问题会有很多不同的正确答案，以及更多不同的错误答案。

自然体系是一个理念体系，告诉父母应该如何正确处理自己遇到的各种育儿问题。

二、自然体系的应用

自然体系是一个理念体系，具有无限的演变可能，不是一套套刻板的说教，遵循这个新理念，可以很容易地关注到所有育儿家教问题，并找到相应的正确答案。因而育儿之欢乐亦自然成为本书重要主题。本章将自然体系示范性地应用到四个普遍性的重要问题上，分四节叙述如下。

赢在终点和以孩子为中心

很多育儿方法强调赢在起点。想想看，一个赢在起点的运动员会获得奖牌吗？当然啦，育儿与体育运动有所不同，不是所有父母都愿意耐心等待以期看到孩子赢在终点，所以他们就渴望看到孩子赢在起点。但是，为了让孩子赢在起点而削弱孩子赢在终点的能力是错误育儿理念，任何时候都要注重孩子赢在终点的能力，育儿家教就是要为孩子赢在终点打下坚实基础。

孩子是否最终能赢在终点却是父母难以掌控的。之后的人生掌握在孩子手中，其可能经历的人生变故难以预测，这些都会影响到孩子一生的成就，但父母早期的培育会提高孩子成功的概率。

生长于同一家庭的孩子，如果性格特长各异，养育方法也应不同，孩子今后的生活道路也会各有特色，人生的成就也很可能不一样。由此可见问题的复杂性，这是育儿家教让人难以捉摸、错误育儿偶尔也能"获得成功"的重要原因。

许多现行育儿均以理想和目标为中心，事先制订培养目标，比如考入知名的中学，再考入知名大学，然后就为实现这个目标而制订具体的教育策略，逼着孩子沿着这个方向前进。这是违反自然体系的错误思维。俗话说，计划没有变化快。育儿规划贵在灵活变通，能随孩子的成长同步调整改进完善。预先制订的计划往往反映父母的理想和愿望，不符合孩子的实际情况。

我们的三个孩子，只有大女儿的成长基本与我们愿望相符，二女儿和儿子的成长都出现与我们愿望相悖的状况。很多父母费尽心机从小为孩子全面规划，殊不知预先死板的规划容易让父母先入为主，在计划与孩子实际情况脱节而落空的情况下，仍然不惜一切代价继续逼迫孩子，让亲子关系紧张。正确的做法是事先制订粗略宽松的大致规划，随时根据孩子的实际情况修改补充、调整完善，做到以孩子为中心。

以孩子为中心，首先是在早期尽力开发孩子的智力与潜能，然后是让孩子的潜能和特长得到充分发挥，做到最好的自己。如果孩子有大智慧，能成就一番伟业，可喜可贺。如果孩子比较平庸，只能成为一个普通人，也应该为他的健康幸福而高兴。

最重要的是孩子的一生，一直都应该是欢乐幸福的。尤其是在育儿的过程中，父母不能伤害孩子，不能给孩子带来痛苦，更不能让孩子受煎熬。

与孩子同步成长

有些育儿实践的错误在于制订的培养目标和使用的养育方法与孩子心理成长严重脱节，凡事概不考虑孩子是否能从心理上理解、认同和接受。这种脱节自然会失去孩子的同步努力，难以催动内驱力，反而容易引发抵触情绪，严重时发展到反感和愤恨，导致育儿失败。

保持育儿的平常心

在育儿过程中，孩子会学习各种知识，如音乐、美术、体育、文学等。孩子进步快，我们应该高兴；进步慢，甚至有挫折和失败，我们也不能气馁。孩子成长是一个漫长的过程，其中的任何失败，包括多次连续失败，都不是真正的失败，而是学习提高的机会。

孩子成功时洋洋自得，失败时就灰心丧气，两种心态和表现都是不可取的。育儿要着眼未来、活在当下，一步步教会孩子学习和生活方面的各种技能，慢慢地孩子就能够全面独立管理好自己的一切事务，那时育儿就会变得轻松自如。我的三个孩子大概在初中毕业时就都能够独立管理自己的事务了，高中期间的养育就非常轻松。

开发潜能，激发内驱力

在内驱力的作用下，孩子最有可能活出最好的自己，我们孩子的成长过程充分展示了这一点。基本策略是早期的智力、潜能开发，中期的寓教于乐、欢乐陪伴，以及后期的独立管理、理性突破。

无论干什么事情，都要通过激发孩子内在的热情和力量，让孩子自己去快乐地完成，这个任务在孩子年幼时是非常简单容易的。有时孩子没有心情做某件事，父母就不要勉强，而是应该告诉孩子等他有好心情时再去做。一方面不违背孩子的真心，另一方面也间接提醒孩子，你还有这件事情没有完成啊。

这个信息映入孩子的脑海，他就会寻找恰当的时机，用他认为最有效的方法去完成这项任务。慢慢地，孩子就学会了自己的事情自己管，把自己的生活牢牢地掌握在自己手中。父母就不用操那么多心了。

在发掘孩子天赋特长时，如果孩子不是全才，可以以长致胜（而不是以短致败），让孩子充分发挥自己的特长，尊重孩子自身的才能和素养，不苛求不属于孩子的荣誉。无论如何，真正的天才只有极少数。育儿应先充分开发、然后再充分发挥孩子自身的潜力。

潜能开发又以早期最为重要，应从孩子出生的第一天开始。随着年龄的增长，孩子的大脑和身体都逐渐发育成熟，开发的效率就会发生变化，不同的时段又要采用不同的方法。

尊重孩子的看法，耐心等待孩子长大

大约从十来岁起，孩子开始有较强的自我意识和强烈的自尊心、面子观念和荣誉感。因为进入青春期，开始有叛逆心理，对父母和社会持怀疑态度。这个年龄的孩子仍然对世界的一切怀着一种纯情，以为一切都应该是完美无缺的。他们往往不能容忍虚伪卑劣的行为。如果由于某种原因自己犯了类似的错误，他们就绝对不愿意让别人知道，往往他们的过失其实微乎其微，却先让自己感到无地自容。

这个时期的孩子难以调教。一个简单而重要的提醒就是千万不要去揭孩子的短！

这并不是说孩子犯错也不能管，而是这个时期应该使用特别的管教方法。这个年龄的孩子正处于一个敏感时期，父母应该帮助他们顺利渡过难关，而不是逼迫他们。

如果孩子犯了错误，要在不伤害他们自尊心和面子的前提

下，循循善诱，把他们引导到正确的轨道。如果不知道如何开口，可以闭口不谈，而是主动陪孩子玩他们喜欢的游戏，鼓励他们做自己喜欢的事情。我常常会告诉孩子："爸爸妈妈都希望你幸福，如果玩这个游戏能给你带来欢乐，就玩好了，毕竟生活中没有什么比幸福更重要！"这样说就是要让他们感到快乐，有了欢快的心情，孩子往往能自己渡过难关。

凡事和孩子强扭，往往得不偿失，甚至会迫使孩子走向极端。即使父母是对的，也要尽量站在孩子的角度去解决问题，尽量先肯定孩子观点中的可取部分，然后指出其错误的地方，让孩子能认同。有时候，孩子很倔犟，尽管自己错了，仍会固执己见，寸步不让。这种情况下，父母不妨暂时地睁一只眼、闭一只眼，让其不了了之。方帆三岁多时死活不肯戴眼镜，我们就采取了不了了之的策略，高一时她又坚持要去学校的后台服务队，我们也采用了相同的策略。

孩子不懂事，和他们强扭，会把他们推得更远，等到势不两立，无法和解时，就一切都太晚了。任何父母都不希望和孩子发展到这种关系！通常而言，孩子总会慢慢长大懂事，那时他们就会意识到父母的良苦用心。上哈佛的第二学期，方帆就特意打电话感谢我们在养育过程中对她的宽宏大量。

有的父母可能会说，如果孩子三十出头才懂事又有何用？首先，三十出头仍然不晚，还有几十年的未来发展，如果孩子真有才华，大器晚成还来得及。其次，就算孩子平凡普通，如果能一直自得其乐，又有何不可？最糟糕的是父母和孩子拼个你死我活，让孩子心灵受到严重创伤，一辈子不仅一事无成，还痛苦不堪。

孩子的成长需要相当长的时间，孩子的生活最终还得由孩子自己去创造。父母适当的指导会促进孩子健康成长，过分干涉则会适得其反。育儿中遇到困难时，父母要经常问自己，我这样做是否有益于孩子的成长？会不会伤害他们的自尊心？如果对这些问题没有把握，就不要插手，让时间和孩子去克服困难。

自然体系的三个阶段六个时期

三个阶段指0~1岁"生命的神奇"，1~10岁"人生的欢乐"，10~22岁"理性的力量"。六个时期指0~1岁"智力开发"，1~6岁"欢乐陪伴"，6~10岁"寓教于乐"，10~14岁"理性初期"，14~18岁"理性中期"，18~22岁"理性后期"。

成功育儿的关键在于14岁之前的四个时期。一方面14岁之后孩子进入青春期，育儿家教效率降低；另一方面孩子理性觉醒，有能力独立管理自己的一切事务，育儿又变得轻松容易。

育儿的目标是孩子的终身成就，是赢在终点，不是赢在起点。概而言之，0~10岁是成功育儿的基础时期，10~14岁是孩子从欢乐成长转向理性学习及全面管理自己事务的关键时期。14岁之后，父母的育儿工作逐渐减少，除青春期带来的情绪问题外，育儿会变得越来越轻松，孩子的理性自我追求展现出无穷力量，是让父母骄傲自豪的收获时期。

生命的神奇（0~1岁）

1岁以下的婴儿还缺乏玩耍能力，智力发展却十分迅速，是智力开发的最好时期。所谓智力开发就是不断地向婴儿的大脑输送各种信息，然后婴儿的大脑就会对这些信息进行自然而然的恰当处理，不断处理各种信息让婴儿的大脑得到锻炼，智力得到提高。养育这个年龄的婴儿，父母最能体察到生命的神奇，能更深层地认识到生命和人生的价值。

这个阶段的中心任务是开发智力。

人生的欢乐（1~10岁）

1岁以上的幼儿就开始具备越来越强的玩耍能力，欢乐陪伴、寓教于乐是养育这个年龄段孩子最重要也是最有效的方法。和孩子玩乐能起到如下重要作用：

1. 促进孩子智力发展，让玩耍成为智力开发的重要手段；

2. 教给孩子各种知识，轻松自然地实现寓教于乐；

3. 启迪孩子的心灵，让孩子满怀激情、憧憬未来；

4. 玩乐会给孩子和父母带来无穷的乐趣，让育儿从负担变成享乐、从焦虑变成欢喜；

5. 建立起牢不可破的亲子关系，实现育儿的人生价值；

6. 幼儿的纯真与好奇展示出了人生最大的欢乐，也使父母重温自己早已经忘却的童年幸福时光。

这个阶段的中心任务是寓教于乐与进一步开发智力，实现广阔的初步素质培养，启发孩子的好奇心和求知欲，培养他们积极向上的精神风貌，让他们对未来充满憧憬和希望。

理性的力量（10~22岁）

大约10岁孩子开始进入自律阶段，此后孩子就开始接受"正规教育"进入"正规学习"，自由嬉戏的时间减少，认真思考、刻苦学习的时间增多，逐步进入一个理性成长的阶段。有了前两个阶段的铺垫和准备，孩子可以顺利步入这个新的成长阶段。

在这个阶段的初期10~14岁，孩子应该掌握正确的学习方法，在学业上取得进步，并且获得全面独立管理自己一切事务的能力，向一个独立个体方向发展，整个过程需要2～5年时间。我们的三个孩子中方舟大约两年完成，方帆和方达则用了3～4年。

其后14～18岁为理性中期，应对孩子进行领导才能、音乐才能、艺术才能、体育天赋、读书兴趣、创造力、社会责任心等多方面的素质培养。具体应该培养哪些方面的素质取决于孩子的兴趣特长，不要攀比，更不能一概而论。

比如，我的三个孩子，方舟以音乐、领导力、全面发展和社区服务见长，方帆喜欢广泛阅读、创造性写作、艺术和哲学，方达的兴趣主要是数学、编程、音乐、视频制作、游戏制作。三个人各不相同，又都自得其乐。

18～22岁为理性后期，育儿的最后一项任务是教给孩子正确处理人生各种问题的基本技巧，一般是大学阶段或高中毕业之后的内容。

这个阶段基本上是一个育儿收获的时期。成功的育儿表现在孩子的自理自立能力突飞猛进，社会责任心和自信心增强，心理越来越成熟。尽管父母的操作和介入越来越少，孩子的进步却越来越快。高中毕业时，根据孩子的天赋和早期智力开发，孩子应该能表现出色，轻易考入比较好的大学；进入大学后，又会热情倍增，对新生活充满信心，对未来满怀憧憬；如遇困难，他们会越战越勇——因为他们终于开始自己独立的人生，必然激发起他们无比的青春豪情。

关键时期是10～14岁的初级理性阶段，此时，孩子需要掌握正确的学习方法，具备独立管理自己事务的能力。因为，孩子进入了难以调教的青春期，父母能起到的作用明显减少，主要依靠孩子之前获得的各种能力，通过自我精神调节，继续顽强地奔向他们自己向往已久的未来。14~18岁理性中期最能见证孩子理性追求的力量。18~22岁理性后期是孩子真正脱离父母怀抱的过程，获得独立的能力，在学识、修为、处世等方面逐渐超越父母并形成自己独特的风格。

滞后教育与特殊教育

根据因材施教和让孩子自由自在全面成长的自然法则，不可避免的是对智力相对较弱的孩子实施滞后教育。放慢对这些孩子教育的速度，降低他们学习材料的难度，能使他们根据自己的能力自然、欢乐、全面地成长。滞后教育是自然育儿体系不可分割的重要内容。

其实有些孩子可能只是小时候发育迟缓，智力暂时跟不上，还是有可能慢慢赶上来，甚至还会后来居上的。滞后教育正是适合这些孩子的最佳方案。

这里提出的滞后教育主要是针对孩子智力发展水平而言的。如果孩子智力正常，只是学习态度不端正，或受到其他不良因素的影响，例如交友不当，社会不良风气的影响，或父母对他们的管束错误等，而导致他们未能跟上学习进度，滞后教育对他们就不适用。

对于那些学习有困难的孩子们，如果他们前行的速度较慢，就让他们慢慢走；如果他们喜欢边走边玩，而不是一心扑在学习上，就让他们边玩边学。归根结底，不过是面对现实，因材施教，按照自然法则育儿而已。

滞后教育就是把孩子的教育延缓推迟几年，对孩子的一生不会产生重大影响。有不少人高中毕业时没有考上大学，复读两三年后才考上，这与早期滞后两三年而后直接考上大学没有什么区别。还有很多人大学毕业后，先工作若干年，而后又回去读研究生。

总而言之，孩子进入成年后，若干年的时间消磨在这里或那里，原本是人生旅途的正常插曲，不是决定一生是否成功的关键因素。举例来说，一个接受正常教育的孩子在30岁时取得了重大成果，而另一个滞后的孩子却在38岁时才取得同样的成果，这显然是无关紧要的。滞后教育不过是让孩子在学习过程中根据自身的能力放缓节奏而已。

值得指出的是，年龄的差异对成人而言无关紧要。例如一个38岁的人不一定会胜过一个34岁的人。但幼儿时期就很不一样。两三岁的差距简直就是一道无法逾越的鸿沟。一个四岁的孩子就很难竞争过一个六岁的孩子。与此相反，如果一个六岁的孩子竞争不过其他六岁的孩子，那等他八岁时也能很容易地完成那些其他孩子在六岁时就能完成的任务了。幼年的孩子，增长一两岁，其各方面的能力都会有很大的提高。这就是滞后教育能行得通的重要原因。

最后，滞后教育的正常实施需要社会舆论的支持，社会不能以鄙视的目光来看待暂时落后的孩子，而应以平常心对待。

自然体系的理念也适用于特殊教育。

育儿家教成功的基本条件

初生的婴儿半夜需要喂奶，父母睡眠规律遭到破坏，成日昏昏欲睡；幼儿会自己上厕所之前，尿布要一日几换；哄孩子睡觉，照顾生病的宝宝，陪伴孩子玩乐嬉戏，如此等等，需要父母投入大量的时间和精力。缺乏基本条件，孩子给父母带来的除了欢乐，还有焦虑和负担。

　　自然体系要求父母和孩子都要有良好的生活环境，婴幼儿能随时得到所需的种种关怀和照顾。生活不稳定，疲于奔波，就不能从物质上保证良好的环境；夫妻感情不和，工作面临巨大压力，就难以提供健康的精神环境；对孩子放任不管或使用错误育儿理念与方法，造成父母焦虑，孩子痛苦，也不会取得育儿的成功。

三、自然体系与育儿家教问题

如何惩罚孩子

惩罚应该仅适当施用于七八岁以下的孩子。这个年龄段的孩子自我意识差，也难以和他们讲明白什么道理，但做错了事就要被罚是容易被孩子接受的。我们使用的惩罚方式是暂时停止孩子的一切活动。根据所犯错误的严重程度，暂停时间可以是30分钟、45分钟或更长。受罚期间，孩子回到自己的房间，自己计时，到点后就可以出来继续玩耍。小孩子最喜欢的就是玩，停止玩耍，对他们而言就是一种惩罚，能起到教育作用。其次，让他们自己计时，也能培养他们独立管理自己事务的能力。

大一点的孩子应该引导，不宜惩罚。通过引导来培养他们的自律精神，逐步实现全面独立管理自己的各项事务。

超前教育与滞后教育

超前教育与成功育儿密切相关。成功育儿就是要让孩子充分发挥自己的潜能，走在前面。麻烦的是超前教育如果走过头了，也会伤害孩子。归结起来，其害有三。一是容易超越孩子的心理承受能力，二是超越孩子的生活经验和社会阅历，三是超越孩子的体能。

那么怎样才知道超前教育是否走过了头？

实际操作时看孩子的反应。如果超越了孩子的心理承受能力，孩子就会有不正常的心理反应。如果超越了孩子的生活经验和社会阅历，孩子就会表现得茫然不知所措。如果超越了孩子的体能，孩子就会精疲力竭，疲惫不堪。不过，婴幼儿的潜力很大，这个时期的智力开发不太可能走过头。相比之下，五六岁后对孩子进行太多的正规教育，就容易走过头。

每个孩子都不一样。有的孩子超前一点就过头，有的孩子则超前很多也还能接受。父母要仔细观察孩子的反应，及时捕捉住孩子在心态、体能、兴趣等方面的微妙变化，并以此来调整自己的育儿方法。

事实上，对于那些智力偏低的孩子，滞后教育才是适合于他们的最佳育儿方式。正常教育他们跟不上，滞后教育才和他们的实际情况相匹配。这完全符合自然育儿法则的基本原则。如果孩子总也跟不上，不妨试试滞后教育。

世上没有不聪明的孩子

人类基因中的各种功能，尤其是天生的好奇心和求知欲是孩子智力的基础。事实上，在不需要任何明显帮助的情况下，每个宝宝都会在八九个月左右学会翻身，一岁左右学会走路，并开始牙牙学语。

人类的基因还为婴儿智力的开发留下了巨大的潜力和广阔的前景。如果在照料婴儿和陪他们玩耍时，时常注意开发他们的智力，长大后他们就会很聪明。

婴儿对信息的接受主要是通过听觉、视觉、触觉。婴儿起初最熟悉的是妈妈的声音，如果爸爸经常和他说话，婴儿很快就会也喜欢爸爸的声音，如果还有兄弟姐妹和其他亲人的参与，婴儿也会逐渐喜欢他们的声音。听见声音，婴儿就会有反应，就会对这些声音信号进行处理。可以说，仅和宝宝多说话就能开发宝宝的智力，世上还有比这更简单的事情吗？

当然啦，给婴儿放音乐也是一个好办法。美妙的旋律和节奏，更能打动婴儿的大脑、引起共鸣。不过，给婴儿播放的音乐应以柔和舒缓、美妙动听为佳。

其次是视觉。视觉是外界信息传递到人类大脑的又一重要渠道。所以，很多父母在宝宝躺在婴儿床上时，就把那些预先准备好的物品展示在他眼前，让他看一看，然后再把这些物品转动，让他看到物体不同的侧面、图案、形状和色彩，从而将不同的信息传递到婴儿的大脑，促进婴儿智力发育。

触觉是信息传递的又一渠道，利用触觉开发智力就是把玩具放到宝宝手里，让他感觉到手握物品的感觉。此外，抱宝宝、亲吻宝宝和定时给宝宝洗澡等，都能通过触觉来开发他们的智力。

这些事情都很简单，而且可以结合起来，如给宝宝买来有图案的电动音乐玩具，当宝宝触及按钮时，玩具就会播放美妙的幼儿音乐，可谓一碰三得。

生命的神奇就在于一切早已安排就绪，父母需要做的事情非常简单。由此可见，如果孩子长大后不够聪明，不能怨孩子，因为孩子时刻都是准备就绪的。父母不及时去开发宝宝的智力，连那些最简单的任务都未能圆满完成，只能怪自己。

从某种程度来说，智力开发的目的是要让更多的脑细胞参与对外来信息的处理。随着婴儿大脑的不断发育，参与其处理信息的细胞越来越多，其对各种信息的处理能力也越来越高。随着孩子年龄的增长，要让孩子不断接触新事物、新信息、新实践、新方法，总玩老一套，效果就会逐渐下降。

你说他棒他就棒，你说他笨他就笨

对每个孩子而言，父母都是非常权威的。如果父母经常夸孩子、说孩子聪明，孩子就会认为自己很聪明。一个认为自己聪明的孩子干什么都充满信心，成功的希望也更大。相反，如果父母总是否定孩子，时常骂他笨蛋，那他就会慢慢地认同自己是个笨蛋。这样的孩子干什么都缺乏信心，往往期待着失败的到来。

另外，我们不能否认每个孩子都有不同的天赋，父母的态度都会在一定程度上影响孩子的成长。举例来说，一个天生聪明的孩子，他的基本水平是100，如果父母经常肯定他，育儿得法，那他长大后的水平就会提高到110~120；相反，如果父母经常否定他，按错误方法养育，那他长大后的水平就可能下降。相比之下，另一个孩子，他的基本水平为70，如果父母正确养育，长大后的水平就可能提高到75~85，相反则会下降到60左右。虽然例子中第二个孩子可能没有超越第一个孩子，但是我们不能因此而否定教育的作用。如果第二个孩子最终的水平在80左右，就是育儿的成功；哪怕第一个孩子最终停留在90左右，也是失败的育儿。

如何陪伴孩子

育儿过程中父母陪伴孩子十分重要。问题是如何陪伴，什么情况下陪伴最有效。首先，我就不主张陪伴孩子写作业（这个后面会细说），但是建议大家陪伴孩子做以下事情：

陪伴孩子学特长

以练钢琴为例:

如果父母喜欢音乐、会识谱,能正确捕捉到孩子在按键、节拍和指法方面的错误,就应该在孩子学习钢琴的早期陪伴孩子,以便及时纠正孩子的错误,提高练琴效率。

中期钢琴练习的重点在乐谱标注的演奏技巧,每一个音符的演奏质量,以及孩子对音乐的理解能力,如果父母能从这些方面帮助孩子,就应该陪伴。

后期的重点是对音乐的表现力,完全取决于孩子对音乐的理解水平和对演奏技巧的正确恰当使用,应该让孩子单独练习,逐渐完善。父母的陪伴会影响孩子对音乐的专注,适得其反。相关问题应在练琴之前或之后和孩子探讨。

陪伴孩子玩耍

任何时候父母都应该陪孩子玩耍,只是不同时期有不同的特色。

父母在婴幼儿期主要是体验生命的神奇,开发婴幼儿的智力;在儿童时期则是和他们一起享受人生的欢乐。这两个阶段父母应该尽最大的努力,抽出最多的时间来陪伴自己的孩子。陪伴孩子的每一分钟都会给父母和孩子带来无限的欢乐,建立起牢不可破的亲子关系。陪孩子玩耍可以轻松实现寓教于乐,启迪孩子的心灵,让他们憧憬未来,长大后就去追寻自己的梦想,形成学习生活的强大内驱力。

进入少年时期,孩子的学习能力、自我意识和独立性逐渐增强,和孩子玩棋盘智力游戏,或进行体育活动会比较合适,同时应该注重培养孩子的理性思维。这个年龄段的孩子不需要父母时时刻刻的陪伴，有时候他们更需要在一个安静的环境中独立思考各种问题。这是孩子从幼儿向成人转变的过渡时期。进入青春期后，孩子又会和朋友的关系越加密切。

高中期间，孩子功课紧张，没有多少玩乐时间，育儿的重心转移到与孩子理性沟通和培养他们独立管理自己各项事务的能力上来。

培养孩子自理

在给八九个月的宝宝换尿布时，可以先让宝宝爬过去把尿布拿过来，然后再给换上。小孩子调皮、犯错被罚暂停时，让孩子自己查看和记住被罚的时间。上幼儿园期间，轮到图书馆日需要归还所借的图书时，可以让孩子把书放到书包里，去公共图书馆还书。和孩子玩玩具时，先让孩子取来玩具，玩完后再让孩子把玩具收好。和孩子玩棋牌游戏时，就让孩子保管棋牌。该洗衣服时，让孩子把自己要洗的衣服都拿到洗衣房。给孩子购买零食之前征求孩子的意见，先告诉孩子都有哪些选择，然后问孩子喜欢哪一种。学习方面，要求孩子自己独立完成老师布置的各科作业。参加音乐会演出时，事先叮嘱孩子一定要把乐谱和乐器准备好。要求孩子做一些简单的家务，培养他们的责任心。天气变冷或变热时，告诉孩子要注意加衣服或减衣服，穿戴适宜。

总而言之，有关孩子的一切事务都应该从小让他们自己操心管理。我们的三个孩子都非常喜欢做这些事情，因为这些活动给他们一种主人翁的自豪感，帮助他们熟悉并热爱自己的生活，增强他们对未来的信心和向往。

培养孩子自信

大家都知道自信心的重要性，但自信心不是建立在沙滩上的。自信心的建立需要一个长期的过程。每次失败都是对孩子自信心的一次考验。每当孩子受挫，都要利用这个机会，重建孩子的自信心。目标就是要帮助孩子从挫折走向成功。错误的育儿实践往往让孩子从一次失败走向另一次失败，消磨孩子的自信心，最终让他们完全丧失自信。

孩子受挫，情绪自然比较低落。要找回孩子高昂的情绪，一个有效的方法就是鼓励，绝不是批评和打击。育儿中最常见的错误就是在孩子受挫后进一步批评和打击孩子，其做法就是一而再再而三地指出孩子的错误，反复告诉孩子那个地方做错了，不应该这样，你怎么连这个都不会，上次不都给你讲过了吗，如此等等。这些都是父母站在自身立场的自然反应，是以父母为中心的错误育儿。

孩子受挫，情绪已经沮丧，很多时候也基本上已经明白自己的错误之所在，正为此而痛苦不堪。父母再反复纠缠这些问题，只能让孩子的情绪更加低落。这种事情发生得多了，孩子就会慢慢地、暗暗地认定自己是个笨蛋。当孩子充分认定自己是个笨蛋，不如别的孩子聪明之后，再要想改变孩子的这个自我认知就很难了。抱着这种心态的孩子当然不会取得任何成功，他们往往是未战已败，或一触即溃。

鼓励就是要首先告诉孩子，你犯的错误没有什么了不起，根本不是什么大问题。第一，人人都会犯错误。第二，失败乃成功之母。你还小，还有很多事情都不懂，所以就会经常犯错。你正好可以通过错误来学习提高，而且从自己的错误中汲取经验教训，是一个更好更有效的学习成长途径，这样学得的知识会更牢靠，不容易忘记。如此说来，犯错不仅很正常，不可怕，而且还有益。这样就解除了孩子犯错后的紧张心态，改变了他的沮丧情绪，形成了引导孩子从自己的错误中学习提高的良好环境，初步重建了他的自信心。

接下来的关键步骤就是要帮助孩子获得真正的成功。这其实也很简单。帮助孩子改正刚刚犯过的错误，孩子的水平就已经提高，就已经取得了初步的成功，今日的孩子就已经胜过昨日的孩子。父母要帮助孩子认识到自己取得的这个进步。这不是自欺欺人，而是获得成功的真知灼见！如果孩子能不断进步，则积跬步可以至千里，积小流可以成江海。假以时日，孩子必然会有长足的进步。

当然，我们不能满足和停止于初步的成功，我们还要取得进一步的胜利。这有时可能会需要一段较长的时间，主要看孩子的具体情况。有的孩子很快就能获得新的成功；也有的孩子则可能需要更长的时间、付出更多的努力，才能取得显著的进步。父母要根据孩子的具体情况，制订相应的目标，不能操之过急。

如果父母告诉孩子，下次考试成绩就会大幅度提高，结果孩子只取得微小进步，孩子就会失望。比较恰当的办法是制订较低的目标，让孩子有机会提前超额完成，激励孩子的自信心，然后再制订更高的目标。我的儿子方达用了大约六年的时间才甩掉"英文不好"这个标签，重建对英文的信心。

一般而言，较弱势的孩子，尤其不要和聪明的孩子攀比，应该集中精力不断提高自己的水平，也就是不断和自己的过去比较，用自己的不断进步来激励自己的学习热情。久而久之，弱势的孩子也可以变得强大起来。

有些父母自己生活不顺，困难重重，对生活和未来缺乏信心，这种情况下如何培养孩子的自信心？

年幼的孩子并不理解父母的处境和苦衷。在他们眼里，父母就是父母，孩子不会因为父母有学识而顺从，也不会因为父母的无知而嫌弃。有学问的父母自然有条件教给孩子更多的知识和为人处世的道理，知识欠缺的父母则应该鼓励孩子自己去探索。孩子有什么问题来问父母，父母不懂就应该告诉孩子："这个问题爸爸妈妈不会，但你可以通过自己探索来找到答案！"

一方面应该鼓励孩子和老师同学密切关系，有问题尽量从他们那儿得到帮助。另一方面，要鼓励孩子通过网络搜索来自己解决问题，告诉孩子在使用网络时要搜寻知识，不要浪费时间，不要沉溺于不健康的或与自己学习生活无关的其他内容。父母自己也应该不断学习提高，但不必为自己能力有限而担忧，孩子的未来主要掌握在孩子自己手中。

最后就是要鼓励、支持和肯定孩子所做出的各种努力。父母能力有限，孩子很快就会在许多方面超过父母，超越父母并得到父母的鼓励又会进一步增强孩子的信心，所以这样培养出来的孩子往往有主见、独立性强。

培养孩子自律

从我的育儿经验来说，三个孩子十岁之前都没有正规学习任务，他们的全部时间和活动都应该是玩乐。但这并不是说，十岁之前的孩子不学习不进步，而是说所有学习都应该通过玩乐来实现。十岁之前的孩子还不懂得什么是学习，或如何学习，所有活动对他们而言，都是一样的玩，一样的闹，在他们心目中还没有正规学习与嬉戏打闹之分。

既然他们只懂玩乐，不懂学习，父母就陪他们玩乐，不要逼他们学习。在孩子还不懂事时逼迫他们，容易造成他们心态的扭曲，违背以孩子为中心的育儿自然法则。

我把自律年龄定在九、十岁左右，很大一部分原因是方舟就是在这个年龄开始自觉地承担起自己的学习任务的。不过每个孩子的情况还可能会不一样，应该说大约在九、十岁是比较合理的。如果有专家告诉你必须在某个年龄，也不要完全信他们，因为像这样的问题不可能有一个整齐划一的答案，只可能是一个大概的估计。究竟应该是九岁还是十岁，甚至八岁或十一岁，要看孩子自身特点而定。关键是要有这个意识，懂得这个理念。

培养孩子的兴趣爱好

培养孩子的兴趣爱好，简单来说，就是为孩子提供宽松的成长环境。以视频制作为例。

如果孩子有艺术天赋，喜欢视频制作，在力所能及的前提下，多花一点钱为孩子买来较好的摄像机及其他器材，请一个水平比较高的指导老师，这样父母就为孩子提供了一个视频制作的宽松环境，是正确育儿。但是，如果经济条件有限，却不顾一切，举债给孩子买来昂贵设备，请来优秀老师，指望孩子尽快成名成家，赚大钱清债务，这样做就是错误育儿，因为从父母的角度而言，这个"宽松"的环境不是一个自然的环境。父母如此投入，会时刻面临巨大的心理压力，这种压力又会转而成为孩子的压力。如果孩子的进步略有迟缓，或受到暂时挫折，父母和孩子都会濒临精神崩溃的边缘。

与此相反，如果孩子没有艺术天赋，对视频制作不感兴趣，但由于父母经济宽裕，仍然给孩子买来昂贵器材，请来优秀教师。这样做从父母的角度来看也很自然，因为那些花出去的钱不会给父母的生活带来任何压力。问题是从孩子的角度来看，却是一个非自然的生长环境，会给孩子带来心理压力或不良影响，是错误育儿。孩子会发现其他同学使用的器材质量一般，指导老师也没有什么名望，甚至没有指导老师，视频水平却远胜于自己，难免会产生一种自卑感。如果孩子抱着无所谓的态度，认为自家富裕，可以随便花钱而不计后果，这种心态可能正好成为他今后一生不成功的根源。

父母无论如何都应该为孩子提供一个最基本的生长环境，要让孩子尽量多读书。孩子的人生始于高中毕业，即使没有考上大学，孩子之前获得的知识，对之后的前程必然会有很大帮助。

选择学校

初中时我的孩子从私立学校转到公立学校，因为公立学校有所谓的快班和特快班。私校由于学生人数少，难以形成单独的快班，通常是插班听课，例如四年级的数学优生就可以插到五年级的数学课中。

为了转学，我们先瞄准排名120左右的那所高中，但未能买到满意的房子，后来又在排名500左右的高中附近购房，仍然没有成功，最后孩子入读的高中排名在800左右。此间夫人主张孩子应该去最好的高中，我则认为育儿要以孩子为中心，不是以学校为中心。这不是说孩子能进好学校也不进，而是和孩子相比学校处于次要地位。

方舟、方帆双双进入名校，说明高中学校的水平不是至关重要的，更重要的是孩子的水平。如果孩子早期成绩欠佳，未能如愿考入最好的小学、初中、高中，父母不要灰心，应继续按以孩子为中心的自然法则育儿。

父母应该在如何正确育儿方面多下功夫：孩子是否健康幸福，是否在逐步掌握正确的学习方法，是否获得独立管理自己事务的能力，是否热爱学校和学习，水平是否在不断提高，是否对未来充满信心？择校时不能只看学校，还应考虑经济能力、生活是否便利等，为入读水平高的学校而给父母和孩子带来诸多不便就会违反育儿的自然法则。

如何看待考试成绩？

如果孩子考试成绩欠佳，就告诉孩子考试成绩不重要，更重要的是努力学习的精神和对知识追求的态度。归根结底，学习的目的就是要获得知识。如果你获得了足够的知识，考试成绩最终总是会上去的。比如，为了获得知识，考试时做错的题都要重新再做，重做时不仅要找到正确的答案，还要找出错误的原因，把之前不懂的概念都弄懂。根据孩子的能力，还要帮助孩子触类旁通，举一反三。这样做孩子就能获得新知识。如果今后再考类似的题目也不会再犯同样的错误了，因为孩子已经掌握了相关的知识。

如果孩子考试成绩很好，也告诉孩子考试成绩不重要，更重要的是努力的习惯和对知识的渴求。一次考得好，算不了什么。说不定是你运气好，考试题目都是你比较熟悉的、已经掌握的，而那些你不会的题目又没有出现在考题中。如果下次考试的题目中有很多是你没有掌握的，那你的考分就会下降，所以不能沾沾自喜，还要进一步努力，看看有哪些对你来说比较难的问题，还需要进一步弄懂吃透。这样一来，不管怎么考，你的成绩都会很好，那样才证明你弄懂了全部问题，掌握了全部知识。

如果每次考试成绩都很好，是不是就很了不起了呢？也不是，只是说明那些学习材料的内容对你来说太简单，或者说你已经全部掌握，因而应该着手学习新的、更难的内容。

归根结底，考试只是对某些知识掌握水平的测试，是一种帮助学习的手段，用来发现学习中存在的问题，便于及时改正，考试成绩并不重要，真正重要的是不断获取知识的能力。不过对于不同水平的孩子，要使用不同的指导方法，帮助他们尽快掌握相关的基本内容，然后再学习更高层次的内容。学无止境，对于智力障碍人士或精英天才而言，都是一样的含义，那就是一生都要继续学习，不断学习，以求获取更多、更新、更高深的知识。

孩子上学是为了学知识，不是为了考试成绩，这是这个问题的自然法则。

有的读者会说，一切都取决于考试成绩，升小学、初中、高中、大学无一例外，怎么能说考试成绩不重要呢？这是一个由概念混淆引发而来的问题。

这里讲"考试成绩不重要"是以"如何正确育儿"为前提的，也就是说，"考试成绩不重要"是正确育儿的一项重要内容。父母正确育儿必然会育出聪明的孩子，聪明的孩子一定会考出好的成绩。不过育儿是一个过程，需要一段时间，在这个过程中，在育儿还没有取得重大成果之前，孩子难免出现考试成绩差的现象。只要父母持之以恒，按照正确的育儿法则培养孩子，孩子一定会取得好的成绩。

方帆和方达在初中期间都有多次得B的情况，那个时期我们的育儿还没有到火候，到了高中就基本上一切就绪了，他们的考试成绩就全部是 A 了。简言之，按照以"考试成绩不重要"为重要内容的正确育儿理念培养出来的孩子就会聪明能干，会取得优异的高考成绩，有点"欲擒故纵"的意思。

如何选择课外活动

中小学的课外活动何其丰富多彩！音乐类有乐器学习如钢琴和声乐如合唱队等，艺术类如绘画、舞蹈、戏剧表演等，各项体育运动如球类、田径、体操、游泳、击剑、摔跤、冰雪运动等，还有各项社区服务和志愿者活动、慈善募捐活动、扶贫支边项目、旅游参观、出国考察等。

此外，很多高中还开展某些涉及社会生活的其他活动，如辩论队、模拟法庭、模拟联合国、商业发展俱乐部、消费者服务俱乐部、服装与时尚俱乐部、后台服务队、象棋围棋俱乐部、啦啦队等。上大学后，学校的各种学生社团更多。

此外，还有各类竞赛、培训，以及早早融入社会的打工机会！

其实孩子平日在家做家务、学习生存的基本技能也都是课外活动。

课外活动就是课堂活动之外的所有活动！

课外活动这么多，如果父母总觉得孩子还应该再学点什么，就很容易走过头，让孩子疲于奔命，违反育儿自然法则。

在帮助孩子选择课外活动时应该考虑如下因素：孩子的兴趣特长；课外活动会给孩子的课堂教育带来什么样的影响；费用和接送任务会给父母生活带来什么样的影响。按照自然育儿法则的原理，一切要自然而然，课外活动不能给孩子和父母的生活带来太多额外的压力。

其实，父母没有必要在课外活动上大伤脑筋，最好的办法是让孩子有选择地参加一些学校开展的课外活动，没有必要带孩子去参加校外组织主办的活动。道理很简单，学校的活动已经很多，从中挑选一些就足够了，并且参加学校的活动会省钱省事，对孩子课堂学习的冲击也小，可谓是利大于弊。我的三个孩子，除了每人都学钢琴外，参加的课外活动都是学校的活动。如果孩子就读学校的课外活动有限，实在不能满足孩子的需要，可以根据自身情况让孩子适量参加校外组织的活动。这样的活动往往耗时费钱、效率低，增添育儿焦虑与疲劳，实在不宜多选。

一个善于独立管理自己事务的孩子必然会按照自己的兴趣去发展自己各方面的才能，组建自己的知识体系，完善自己的生存技能，寻找自己的生活乐趣。方帆初高中期间对哲学的兴趣完全源于她自己，没有来自学校和家庭的帮助，在她主动告诉我之后，我也不过是给她一些鼓励而已。方帆之所以有这样那样的强烈兴趣又得力于我们早期对她好奇心和求知欲的开发，让她始终渴求理解自然和社会之运作规律与方式。现在方舟在普林斯顿，方帆在哈佛的校园生活都非常丰富多彩，但她们也只能是有选择地参加其中的极小一部分而已。课外活动很重要，但不是越多越好。

课外活动或者素质培养，都是自然育儿法则的基本内容，目的是要让孩子自由自在、全面成长。然而有些父母却抱着极端功利心态，把课外活动当作入读名校的敲门砖，例如自己掏钱为孩子出版不符合出版条件的书籍，再把书无偿捐献，作为申请名校的文书项目。这其实是在教孩子弄虚作假，对孩子一生的成长有害无益。

此外，参加太多的课外活动就容易导致课堂科目的荒废；

若在某一学科投入太多的时间和精力，就容易出现严重的偏科现象，结果都是得不偿失。我们孩子就读的那所高中，每年都要在毕业班中评选单科优秀生，例如最佳数学毕业生、最佳外语毕业生等。遗憾的是，单科优生往往是其他科目较弱的学生，高中毕业后入读一般大学。音乐优生，平时投入太多的时间于音乐活动，最终只考入一所普通的音乐学院；外语优生曾到巴黎与法国人同住以提高法语水平，但这个孩子其他各科都不好；2019 届 8 名北极星奖获得者中只有 3 人成绩优秀（方舟入普林斯顿，学生会主席入圣母大学，数学奖获得者入伊利诺伊州立大学香槟分校），其余 5 人由于参加太多的课外活动学习成绩都不理想。

某些经济条件较好的家庭似乎也在犯类似的错误，那就是花大钱逼迫孩子参加名目繁多的课外活动，以为这样做就是为孩子提供超级优越的成长环境和条件，能帮助孩子进入名校。遗憾的是如此做法往往收效甚微，甚至适得其反。根本原因就是违反育儿自然法则，形成误导。孩子在课外活动上投入太多的时间精力，无暇顾及其他科目，不知不觉中进入了舍本逐末之模式而有所不知，最后什么好大学都进不了，还冥思苦想不得其解！

学生应当以学为主，即使大学期间也不宜偏科，大学的各课程内容仍然属于基础知识的范畴，甚至硕士阶段仍然属于应用水平，只有博士阶段的工作才是真正的专业水平，要专攻一科应始于博士阶段，要参加大量的社会活动应该在离开大学之后。

大学毕业后，孩子就具备了独立生存的能力。那时他们具备了应对社会各种问题的能力，进入自己闯天下的时期。如果之前已经打下了扎实的基础，他们成就大事的可能性就很高，反之就难以有所作为。所以，之前太多的社会活动，或偏科现象，本质而言就是浪费了打基础的宝贵时间，会限制孩子一生发展的潜力，使他们飞不高、走不远，是重大育儿错误。

孩子走出学校后，不再有课堂活动，所有活动都是课外活动。那时候，天高任鸟飞，海阔任鱼跃。育儿就是要培养孩子将来自由飞跃的基本素质和能力。

总而言之，课外活动要参加，但不能走过头，更不是越多越好。

父母意见不一致怎么办?

有的家庭是夫唱妻和，意见不一致时就听丈夫的（或妻子的）；有的是一个唱红脸，一个唱白脸，意见不一致时红脸扮演者就以高标准严要求的面貌出现；还有的则是在和孩子谈话之前父母先达成一致意见。这些做法都是值得商榷的。

育儿不是要告诉孩子什么问题都有唯一正确的答案，社会与生活问题往往有多种不同的见解，可以有不同的处理方案，更不是要把孩子"管住"，因为一个被管住了的孩子不会独立思考，更不会有创造性。

正确的做法是在孩子面前陈述各自的看法，说出自己的理由，和孩子一起比较评判，并鼓励孩子提出自己的新看法。这样一来，一个问题就有了不同的解决方案。然后告诉孩子，他可以自由选取其中的任何一种方案，如果有可能的话，还可以几个方案都试一试，再找出最佳方案。

这样做有三个优点。一是让孩子直接参与对自己事务的管理，增强孩子的责任心；二是在比较不同意见及提出新方案的过程中孩子会得到很好的锻炼，能有效提高孩子的识别能力和判断能力；三是孩子会认识到有些问题大家会有不同的看法，会有不同的处理方法，究竟哪种方法最有效则因人因事而异。同样的问题，不同的家庭环境与条件及孩子不同的性格特征，最佳答案也会不一样。这些都是社会和生活中的真知灼见，是孩子应该学习和掌握的知识。

例如，孩子学钢琴，老师要求一周练习六次，每次35分钟。执行的时候，妈妈说孩子钢琴天赋高，将来有可能成为职业钢琴家，应该每周练七次，每次40分钟；爸爸说没有必要，孩子应该全面发展，不能因为钢琴而过早耽误其他功课，每周五次，每次30分钟就可以了。这时孩子应该怎么做呢？听妈妈的、爸爸的，还是自己再出一个新方案？

其实爸爸妈妈的意见已经提出问题的关键：（1）孩子可能成为职业钢琴家，（2）孩子应该全面发展。这时孩子就应该考虑，哪个对他来说更重要。如果他觉得自己应该全力以赴努力成为钢琴家，就应该听妈妈的；如果他觉得不能现在就偏科钢琴而荒废其他科目，就应该听爸爸的；如果他想兼顾两者，就应该采取折中方案，大致按照老师的要求行事；最后他还可以三种方案都试一段时间，看看自己究竟喜欢哪种，等自己比较有信心后再做出最后决定。

我们家在养育孩子的过程中基本上就是这个套路，不仅在意见不一致时使用，而是所有情况下都使用。我们经常和孩子沟通，畅谈自己的想法，通过长期商讨的方式来找到最佳答案。在这种环境中长大的孩子，遇事能积极主动独立思考，对各种问题都有较强的识别能力和判断能力，行事充满信心，并且还能在发现错误之后及时纠正。

四、违反自然体系的错误理念与实践

什么是错误育儿？

1. 违反生活基本常识，或逻辑混乱的育儿就是错误育儿。

2. 结果无助于甚至有损于孩子一生前程的育儿就是错误育儿。

3. 不符合孩子性格特点的育儿就是错误育儿。

4. 不符合父母育儿风格的育儿就是错误育儿。

5. 不符合家庭经济条件和父母社会地位的育儿就是错误育儿。

6. 怀着功利和攀比心态的育儿就是错误育儿。

7. 一味迎合社会与大众期望，或者败坏社会公德的育儿就是错误育儿。

8. 不能给孩子带来健康、欢乐和知识的育儿就是错误育儿。

9. 不能给父母带来健康、欢乐和知识的育儿就是错误育儿。

10. 酿成不良后果的育儿就是错误育儿。

以上列出的10个答案，有些答案比较具体，例如3~5；有些答案比较抽象，例如1、2、10。如果把那些抽象的答案具体化，就会演变出更多的答案。由此可见育儿问题的复杂性和错误育儿的多样性。令人惊异的是，如果按照自然法则育儿，一切顺其自然，就会自然而然地避免错误育儿。

按自然体系，要正确把握什么是"自然而然"，自然而然就是要最合理最客观地把握当前的形势，着眼孩子的未来。无视实际情况，用力过猛，急于求成，形成不健康的攀比心态，对孩子具有强烈的控制欲，如此等等，就会自然而然地违反育儿自然法则。

按照自然法则养大的孩子，具有很高的心性素养，这才是孩子走到哪儿就能带到哪儿，能帮助孩子克服困难、奋勇向前、受益终身的无价之宝，远胜于考入顶级名校，更不用说是知名初、高中了。事实上，进入名校，也不过是为孩子进一步完善其心性素养提供了优越的条件而已。如果从名校毕业，心性素养没有显著提高，名校也是白上了。

赢在起点？

"赢在起点"很有吸引力，比赛一开始，大家异常兴奋，如果自己的孩子能一马当先，自然会无比喜悦。看见自己的孩子那么出色，别人也会流露出羡慕之情。可惜初期的兴奋很快就会达到高潮，然后冷却，现实就呈现在每个人的眼前：原来孩子真正的成功需要一生的努力，三五年甚至三五十年都难以见分晓！

让我们再来看看，那些起初领先的孩子是否能持续领先？他们的优势是在不断增加还是逐渐削弱？

初期的领先微乎其微，很容易被赶上被超越。例如，你的孩子先起步，提前掌握了三年级的数学，一时光彩夺目。由于孩子年龄小，提前学习三年级的数学，其实很吃力，投入也相对较多。可三年级的数学终归是低水平，当其他孩子开始正常学习这些内容时，他们会很快全面掌握，那时你孩子初期的优势就显得微不足道，早期的巨大投入几乎消失得一干二净。

又如篮球，你的孩子先请教练，提前练习运球、传球、投篮的基本技巧，在赛场上神乎其神。由于年龄还小，其绝对水平还是很低的。等别的孩子开始在篮球上投入时，他们也会很快掌握这些基本技巧，赶上并超过你的孩子！

更进一步而言，早期的那些学问和技巧，如三年级的数学，或是儿童阶段的篮球，对一个人一生的成功，其实是没什么用处的。父母在这些问题上请教练、砸血本，必然事倍功半。早期的正确育儿在于智力开发，寓教于乐，不是对孩子精选提前教育。

早期教育的侥幸成功还往往为后期的忧虑埋下种子。尽管早期的优势微乎其微，父母却怎么也不愿意轻易失去这点由巨大投入换来的成果，他们会想方设法保护并扩大这个成果，为此他们会投入更多的时间和金钱。可时间和金钱的投入并不能确保孩子的继续领先，忧虑就会一直纠缠父母，基本上就是让父母卷入了一个不可自拔的恶性循环。追根溯源，就是当初中了"赢在起点"的魔怔。

按自然法则育儿，没有忧虑，只有欢乐。孩子暂时领先，不沾沾自喜，暂时落后，也不垂头丧气，因为孩子的一生还长着呢！重要的是，孩子在不断学习，不断成长，在为未来的成功打下越来越扎实的基础。等孩子真正进入社会时，已经具备面对一切困难和风暴的能力。那时再来讲拼搏、讲奋斗、讲竞争、讲追求，那时还会怕谁？

只有功底扎实、心态成熟的人才能真正理解这些词语的含义，才会面对困难，勇往直前！几岁的孩子，初高中的少年，对这些东西并不理解。早早迫使他们全力以赴，不仅事倍功半，还会剥夺他们童幼年时期的欢乐，造成他们心态的扭曲。

就育儿本身而言，"赢在起点"存在四大缺陷。一是不打自招地承认其目的不在孩子一生的成就，无视"赢在终点"才是真正赢家这样简单的道理。其次，这个理念给人一种错觉，似乎暂时的领先会一直延续到终点，或至少能帮助赢在终点。孩子的一生很漫长，赢在起点和赢在终点之间的关系很复杂，没有必然的联系。第三，赢在起点和赢在终点所使用的策略很不一样，赢在起点往往会给育儿带来痛苦和曲折，焦虑和失败。为了赢在起点，常常需要牺牲赢在终点这个真正的育儿目标，本末倒置。最后，这个错误的理念还会引导人们进一步错误推演，为了进名牌大学，必须先赢在高中，为了赢在高中又必须先赢在初中，为了赢在初中又必须先赢在小学，为了赢在小学又必须先赢在幼儿园！这样一来，孩子的成长自由和欢乐被掠夺得一干二净，只剩下痛苦和辛酸！

"赢在起点"具有欺骗性。若要把育儿比着体育竞赛，最恰当的是马拉松，马拉松的策略不是赢在起点，而是赢在平时的训练与积累，亦即运动员的真实才能及比赛时的后劲。

"赢在起点"还存在逻辑缺陷。如果孩子考上名牌大学，实现了父母的育儿目标，或者没有考上大学而进入社会，孩子之后的人生目标是什么？养育期间没有树立孩子获得终身成就的思想，高中毕业后孩子就容易失去努力的方向，对人生产生迷茫。其实，育儿结束后，孩子就长成了像父母一样的成人，成人的人生目标是终身成就。

被曲解的顽强拼搏

路漫漫其修远兮，吾将上下而求索。头悬梁，锥刺股。一万年太久，只争朝夕。少壮不努力，老大徒伤悲。莫等闲、白了少年头，空悲切！这些都是广为流传的名言，展示了中华民族不懈努力之求索精神。但若把这些名言佳句作为父母、学校、社会鞭策孩子，剥夺他们自由自在全面成长权利的文化基础，那实在是对我们传统文化之曲解。

作为中华传统文化之精神，它应该体现在儿女自觉自愿的言行之中，而不是体现在父母强加给孩子的巨大压力中。培养孩子就是希望他们长大后能将这些精神自觉自愿地贯彻到自己的言行之中，也就是说，教导幼童这种精神可，强迫他们现在就身体力行则不可。

与此同时，剥夺孩提时期成长欢乐会在他们幼小的心灵留下创伤，与预期的育儿效果背道而驰。退一步说，如果孩子长大后仍然缺乏这种顽强追求的精神，那也是正常的，毕竟不是每一个孩子都能一生秉承这样的优良传统。试问各位父母、老师及育儿专家，你们当中有多少人真正具有这种顽强拼搏的精神？

培养这种精神的正确方法是循循善诱，是让他们在自由自在的成长过程中接受熏陶，领悟精髓，并自觉自愿地贯彻到自己的言行之中。

真正的顽强拼搏应始于孩子进入社会之后。那时独立面对生活，在遇到严重困难时不是轻易放弃，而是巧妙应用自己所学的知识，找到克服困难的方法，并在实施策略的过程中，严于律己，顽强拼搏，最终战胜困难，走出困境。

苦干不如巧干

人们常说，成功是99%的汗水加1%的灵感。似乎成功的关键在于辛勤工作，在于苦干，而不在于灵感。这是一种误解。

1% 的灵感是促成 99% 的汗水之根本原因，在灵感的驱动下，一个人才会持之以恒，锲而不舍，直至成功。没有灵感指导的拼搏，没有目标，不成章法，往往无功而返。

苦干更要加巧干。提高学习和工作效率会比单纯下苦功更为有效。任何成功人士都必然是勤劳刻苦的，但是没有源于巧干的独特思想，单纯的勤奋不会带来巨大的成功。

陪孩子写作业

孩子写作业需要集中精力，父母坐在一旁会让孩子分心，思想不集中，即使作业都做对了，也缺乏全身心投入功课内容的深刻体验。从某种程度来说，父母陪孩子写作业就是妨碍孩子，有害无益。如果父母面临生活的压力，还会把自己的负面情绪传递给孩子，抑制孩子积极向上的精神风貌；如果父母工作紧张，时间有限，就会使孩子写作业的时间受到限制；如果孩子对某些问题反应迟钝，掌握不牢，就会给父母带来焦虑。父母陪伴，容易让孩子形成依赖思想，缺乏信心，难以早早独立管理自己的事务。父母有自己的生活，不应该介入孩子生活的细节。诸如陪伴写作业这样的烦琐碎事很容易把父母拖垮，是育儿焦虑与疲惫的重要原因。

我们不仅不陪孩子写作业，也从来不检查他们的作业。作业就是课堂上讲过的内容，只要认真听讲，就不成问题。如果有什么问题不会，他们自然会问。如果不问，就说明全部都会，没有必要检查。检查孩子作业，就是对孩子不信任，会损害他们的自信心，带来不必要的紧张（怕作业有错被爸妈训斥）。作业是孩子分内的事，更是独立管理自己事务的重要环节。

如果出现问题，当然要及时帮助解决。

如果不知道如何正确安排时间，导致不能按时完成作业，就教给他们时间安排的原则和方法，但不要直接为他们制订作息时间表，越俎代庖。孩子精心考虑后安排的时间表才适合他们的生活习惯和规律，如果起初的安排有不当之处，孩子会随时自己调整，并满怀信心地执行新的作息安排。与此相反，父母安排的时间表，孩子不会怀疑更不会更改，如果存在不当之处，难以及时发现纠正。如果父母在时间表上不断改进提高，就需要投入更多的时间精力，更重要的是时间表不断更改，孩子必须不断调整作息习惯，时时处于被动地位，缺乏生活的主动性。

如果有些问题孩子不会，就鼓励他们积极主动找父母。任何时候，我感觉孩子学习有困难，就会主动问他们需不需要帮助。有时他们觉得自己能解决，或不愿意听父母说教，就说不需要。有时他们因为心情沮丧不愿意讨论，也说不需要，这时我就告诉他们，等心情好转后，再和我谈。在孩子说出具体问题之前，父母帮不上什么忙，只有孩子把问题说出来后，才能对症下药。而且孩子说出问题，也表明孩子对问题有了比较清楚的认识，有了接受帮助的心理准备。

自然法则的原理简单，有时育儿的细节却会很复杂。重要的不是父母在金钱和时间方面的大量投入，而是细心观察孩子问题之所在，及时找到解决问题的正确方法，为他们排忧解难，让孩子对自己和未来充满信心，在成功与欢乐中成长。

我从小就培养孩子独立解决自己的问题。许多情况下，他们遇到的困难只是暂时的，一段时间后就自己解决了，不再需要父母的帮助。偶尔也有例外，方舟初中时化学得B+就是个例子。表面上那是一个失败的例子，因为她本来可以得A，本质而言又是一个成功的例子，因为得一个B+不是大问题，从中获得的经验教训却让方舟更加成熟，这个进步才是最重要的。成功的时候赞美成功，挫折的时候就说失败乃成功之母！这样就只有成功，没有失败了。这在一定程度上概括了我们对三个孩子的养育方法。

教会孩子正确使用手机

手机已经成为人们生活的一个重要组成部分，父母可以把孩子的手机收走，却不能让世界重新回到没有手机的时代。学会如何正确使用手机是今天的每一个人都必须要学会的一项本领。不仅孩子一开始不知道如何正确使用手机，许多父母不也成天沉迷于手机，浪费时间，耽误工作，到头来还精神沮丧吗？

把孩子的手机收走，其实是剥夺孩子学习如何正确使用手机的机会。等孩子上大学或走上社会后，由于仍然缺乏对手机的正确认识和使用，必然遇到种种问题，而不得不重新学习和掌握这一技能。缺乏一项基本的生活技能，生活必然困难重重。

至于孩子过度玩手机而影响学习的问题，其解决方法不是简单地没收手机，而是应该教会孩子如何正确使用手机。手机可以查找各种有用信息，给生活和学习带来很多方便。归根结底，这个问题同男孩子容易沉溺于电子游戏而荒废学业有相似之处。处理方法也应该大同小异，后面关于"电子游戏"的部分还有详细论述。基本原则是培养孩子的自律能力，自己控制玩乐时间，避免不健康的有害内容，避免陷入精神迷惘。如果对某些内容或宣传有疑问，要想弄明白，就应该问父母，征求父母的意见，得到父母的帮助。

最后是要强调手机的正面功能，为我所用，尤其是如何通过手机来帮助解决与学习相关的各种问题。例如可以查找各种学习资料，包括了解各种数理化问题的解法，查找古文、诗词、历史、哲学内容及更有效地使用当地公共图书馆等。当然还有通过手机及时和父母保持联系的实用功能，我的孩子就经常给我们发短信，告知他们某些课后日程安排的变更，这样我们就能在恰当的时间到学校接他们回家。

焦虑与疲惫

为孩子的成长精心规划，时刻关注孩子的一举一动，生怕失去一个机会，在孩子身上投入太多，过分介入孩子生活的细节内容，就容易导致父母时间、精力、金钱的不足，是焦虑和疲惫的根源。正如本章前文所示，错误育儿可以以多种形式、多种面目出现。孩子成长的过程中会面临各种各样的问题，对这些问题处理不当，就形成错误育儿，会带来焦虑与疲惫。

细论起来，出现育儿焦虑与疲惫的具体因素有很多。虽然自然法则很简单，但违反同一条法则的方式却会多种多样，况且错误育儿还会同时违反多条自然法则。所以出现错误育儿的具体原因是无法一一列出来逐条讨论的，不过可以大致归纳为育儿效果欠佳，孩子压力大，父母压力大，以及这三类因素的某种组合，亦即可能有其中的一类、两类甚至三类因素同时存在。

如果育儿效果欠佳，就要看看自己的育儿在哪些方面违反了哪条或哪几条自然法则，并尽快改正。例如，孩子数学成绩一直不好，换了几家辅导机构也没有改进，让人着急。这时就要问问孩子为什么自己的数学成绩总也上不去。如果孩子说自己不喜欢数学，就应该降低对孩子数学水平的期望；如果孩子觉得自己是个笨蛋，就可能是被早早贴上了"数学不好"的标签。在我家，方达用了六年的时间才甩掉"英文不好"的标签。

如果育儿效果不错，孩子或父母却面临巨大压力，就应该看看压力究竟源于何处，如何才能将压力消除。例如孩子参加多个培训班，孩子喜欢，学习也不错，但常常显得很劳累；父母工作很忙，成天接送孩子也是精疲力竭，而且费用很高，有经济压力。这种情况下就应该和孩子商量，减少培训班。方达上初中时，同时考入学校的管乐队和爵士乐队，我们告诉他只能选一个，他就选了爵士乐队；当方帆学小提琴时，方舟喜欢也要学，我就告诉她，学习钢琴和长笛两门乐器已经足够了。

总而言之，办法总比困难多，按照自然法则育儿，问题基本上都会迎刃而解。

第二部

辛勤耕耘，乘风破浪
育儿自然体系应用于大女儿方舟的成长历程

方舟简介：在家为长，性格温和宽厚，行为自觉，学习努力，做事一丝不苟。思路开阔，思维缜密，各科成绩优异，全面发展，兼具领导才能和音乐天赋。养育过程轻松自如，水到渠成，是每位父母渴求的天使宝宝。

导读：方舟是我们的第一个孩子，有关三个孩子幼年养育的内容大部分都写入了本部；例如，"洗澡、玩水、游泳"和"带宝宝去公园"等内容都同样适用于方帆和方达；"神奇的小鸭子嘎嘎叫"和"可乐洒了"虽然具体事件发生在方舟身上，但原则上也适用于方帆和方达。

五、早期智力开发，神奇又简单

孩子给我们带来无限的喜悦

如果不是怀着喜悦的心情迎接孩子的降临，今后的育儿就难以成功。精神的愉快是育儿成功的关键，没有养育婴儿的经验却是无关紧要的。事实上，由于缺乏经验，方舟回家的第一天我们就把她饿哭了。

因为决定喂母乳，所以打算不喂她奶粉。夫人已经都喂过她几次了，以为她已经吃饱。其实她可能什么都没吃到，或者吃到的太少。年轻父母哪里知道这些事情？到了晚上8点多，她开始哭才引起我们的注意。她一哭，我就十分着急，不断哄她，抱着她走。等这些都无效后，我才意识到她可能是饿了。于是想要给她喂奶粉。但在医院时，医生有吩咐，说如果决定喂母乳，就不要喂奶粉，因为奶瓶上的那个奶嘴很软，吮吸起来容易；婴儿一旦习惯了软奶嘴，就不愿意花大力气去吮吸较硬的母亲乳头，喂母乳的计划就可能落空。

不过，孩子在哭，这才是燃眉之急，其他问题可以慢慢再研究。家里早有备用的婴儿奶粉，却不知道如何使用，还得先读说明书，弄明白了，才开始兑奶粉。结果孩子一口气喝干了那个奶瓶里的奶，充分证明了我的判断，她真的是很饿了！

兑奶粉本是一件简单的事情，但首次操作，还是需要学习。

生活就是这样，再简单的事情，也需要首次的学习；再复杂的问题，也可以通过学习来掌握。育儿其实很简单，每个父母都能学会。

俗话说，第一个孩子照书养。我购买了一些育儿书籍，照本宣科。由于专业是科学研究，养育方舟的过程中我对所有细节都观察得十分仔细，试图通过科学家的敏锐来帮助自己理解婴儿成长的规律，提高育儿效率，增加育儿欢乐。

自孩子从医院回家那天起，我就每天都花大量时间陪着她，跟她说话，陪她玩耍。只要是她醒着的时候，我就和她在一起，只有等她睡着了，我才开始做自己的事情。

和孩子在一起，无非是跟她说话和陪她玩耍。说得最多的就是呼唤孩子，叫她的名字。玩耍还有一些花样，一是使用几种不同的发声玩具，弄出不同的声音；二是使用几种图案简单、颜色鲜艳的布制品玩具；三是挂在婴儿床上方的旋转音乐玩具，开动后不仅有悦耳的音乐，还有转动飞行的多种动物玩具。这些玩具都有一个共同的目的，就是开发婴儿的智力。

婴儿大脑的主要功能在于对声音尤其是音乐的感受，对移动物体的感知，对黑白两色的认识和对简单图案的识别。才出生不久的婴儿，你无法知道她究竟接受了多少。

不过，养育孩子最重要的是父母和孩子共享的欢乐。父母这样做给自己带来欢乐，婴儿有父母的陪伴，能时常听到父母熟悉的声音，躺在父母温暖的怀抱，看见父母熟悉的身影，自然也是很快乐的。有了婴儿和父母的共同欢乐，育儿就已经取得了一半的成功！

这些陪伴孩子的时光是我一生中最幸福的日子，所以我会乐此不疲，日复一日，从不间断。遗憾的是有些育儿书却教给父母婴儿大脑的解剖发育知识，认为那样育儿才能成功。**如果**

把这些美好的时光都花在研究婴儿左右脑的解剖结构、发育进程，那该是多么的枯燥无味！更可怕的是那样做就会自然而然地失去了生命的情感和生活的意义。想想看，父母怎么能将自己的心肝宝贝看作是一部具有某种解剖结构和发育机制的机器？这样做，亲子关系受到损害，育儿失去人情味。

仔细观察婴儿的日常反应和成长细节，可以更有效地发现问题，实现和婴儿的及时沟通。但若把育儿当作纯粹的科学实验，以学究和冷漠的目光来对待一切，育儿就变得枯燥无味，失去人生的欢乐和幸福。

神奇的"小鸭嘎嘎叫"

从孩子出生的第一天起我就每天都和她说很多话，那时我最需要的是说话内容方面的题材，如儿歌之类的材料。现在已经记不清我当时是从哪儿学来的这样一首儿歌：

小鸭子嘎嘎叫，走起路来摇啊摇，
一路摇到小河里，快快活活洗个澡！

我就天天给她背诵这首儿歌，究竟一天背多少遍我也不知道。有时候一两分钟就背一次，有时候甚至是连续不断地背诵，因为实在也没有什么别的事情可以做，也没别的儿歌可以背。

出人意料的是，在宝宝5个多月的一天晚上，我们一家三口在玩耍，突然间孩子用最大的嗓门大声喊道："小鸭子嘎嘎叫，走起路来摇啊摇，一路摇到小河里，快快活活洗个澡！"虽然不是字字句句都那么清楚准确，但她的确背完了全部，那是毫无疑问的。背完后，看她脸色红红的，好像都好累了。惊喜之余，我们赶紧把录音机准备好，希望她会再背，就可给她录音。我们尝试了几次，试图让她再背，但奇迹没有再发生。今后的几个月，直至她开始学说话，都没有再背过一次。

之后经年，无论什么时候再提起这事，我们都会再次惊讶不已，仍然难以置信。后来的方帆和方达，却不再有同样的情形。今日回想起来，觉得正确的做法是在她背完后，我们不应该试图让她再背。对她来说，那一定是个惊天动地的壮举，她一定是精疲力竭了。但没有经验的年轻父母，当时只知道惊讶和喜悦，还希望能录音下来作为永久的纪念！这样的想法其实是不对的。

在养育孩子的过程中，除了要细心体察生命的神奇之外，还要时刻多为孩子着想。

你为孩子付出，说不定孩子哪天也会给你带来一个意外的惊喜，让你终生难忘！

洗澡、玩水与游泳

孩子们出生后对水也没有任何畏惧，而是自然而然地喜欢玩水。方舟就是这样。她在新生婴儿期，我们会两三天给她洗一次澡，因为洗得太勤会导致皮肤干燥。除清洁卫生之功用外，我们很重视在洗澡过程中通过触觉来促进小方舟智力的发展。

等到方舟可以坐起来时，洗澡要同玩水相结合。亦即洗澡之前、期间及之后都在浴缸中放上多种水上玩具，供她玩耍。在确保水温适宜的情况下，可以让孩子多玩一段时间。这样可以尽早扩大婴儿的活动范围，开阔视野，增长见识。诸如此类的活动都会自然而然地起到开发婴儿智力的作用。

通常而言，一岁左右的幼儿就可以开始学游泳了。我们第一次带方舟去游泳时她还不到一岁。为了让孩子能在水中完全漂浮起来，我们给她买了一件游泳衣，穿上后她就像不倒翁似的漂浮在水中，不会呛水。穿着这样的游泳衣，有利于孩子安全玩水，却妨碍对游泳技巧的掌握。所以，孩子大一点后就换用戴在胳膊上的充气游泳辅助装备，有利于掌握游泳技巧。

有些室内体育馆有专门供幼儿玩水的场所和设施，和儿童博物馆类似，其游玩设备是根据婴幼儿成长发育的特点来设计和制作的，符合婴幼儿的活动特征和成长需要。充分利用这些公共设施来育儿，不仅省事简便，而且效果也好。

我们去的那个体育馆，泳池水深缓慢增加，在泳池一个角落上有两组小喷泉，每组由三四个喷水小孔构成，泉水能喷一米多高。孩子往往是先绕着喷泉转圈打量观察，然后就会试着奔跑冲过喷泉，让泉水冲击身体，欢笑嬉戏。更有意思的是孩子可以用脚板堵住喷水小孔，让喷泉消失，这时脚心就能感受到小股水流的不断冲击。父母还可以进一步旁敲侧击，循循善诱，引导孩子了解关于喷泉和水的知识。这样的玩乐岂不胜于那些机械的早教和培训？孩子从小这样长大，自然会聪明，会对人生和未来充满幻想与期盼。这些就是孩子长大后内驱力的源泉！

父母没有必要花大力气去学习儿童心理学和教育学等方面的抽象枯燥理论。父母就是父母，有自己的专业和工作，不是儿童心理学家，也不是教育学家。父母应该利用自己的常识学识，根据自己的实际情况，充分利用公共育儿设施和公共图书馆来自然育儿。

我们每次带孩子去游泳都是无比兴奋。通常是我抱着孩子玩这玩那，夫人给我们录像。虽然孩子什么都不会，我却兴致勃勃，一会儿教她试这个，一会儿又教她试那个，始终不停地和她说话、游玩。这种热烈的场面会促使孩子的大脑处于兴奋状态，起到开发智力的作用。**在孩子什么都不懂的时候，育儿**

的欢乐来自父母的爱心及对神奇生命的感叹。由于起步早，方舟很快就学会了游泳，游泳也最终成为她比较喜欢和擅长的体育项目。

另一方面，方舟的游泳水平又很一般，并没有达到较专业的水平，我们也没有要把方舟培养成游泳健将的打算。带孩子去游泳有两个目标，一是教给他们游泳的基本技能，实现初步素质的培养和让孩子全面发展；二是尽情地体验孩子的成长给我们带来的无限欢乐。

是否请专业教练，或者加入游泳班？我认为如果请专业教练指导，则有如下三个弊病：一是会花钱。二是游泳的时间会受到限制，只能按照事先安排的日程进行，让父母和孩子的生活失去灵活性，生活质量下降。三是孩子和父母能享受到的欢乐会大大减少，孩子和父母同时欢乐的时间几乎为零，因为在孩子上课时，父母只能看着等着。教练教孩子是从技术方面进行专业指导，孩子不会在这样的学习过程中感受到父母的爱，父母也会失去和孩子实时互动带来的欢乐。

有些父母，不管孩子学什么都要请专业人员指导，让孩子从小接受正规训练，这样做的根本原因是父母不理解"育儿会给父母和孩子带来无限欢乐"这项人生最有价值的内容，简而言之，就是因小失大。艺术、音乐、体育方面的成就，一方面天赋比较重要，另一方面对大多数人来说，后天的培养并不需要从很小年龄就严格进行。请专业人员指导，育儿的欢乐会减少。归根结底，人生最重要的是幸福。没有幸福，一切都会失去意义。即使孩子最终取得巨大成功，如果一生痛苦不堪，或孩子和父母之间没有建立起亲情纽带，这样的育儿仍然是失败的。

好奇心的展露

方舟两岁多的时候，我们带她到一个购物中心的儿童游乐场玩耍。大约20分钟之后，不知什么原因，她却执意要离开游乐场，去看附近商店的橱窗。我们觉得很奇怪，就在后面跟着她。她在这个商店的门口看一看，又跑到另一个商店的门口看一看，足足看了十多家商店。其间我们几次问她要不要回游乐场，她都说："不要，这些东西好好看，个个不一样！"

婴儿刚睁开眼睛看着这个陌生世界的时候，什么都不懂，却对世界的一切怀有一种天生的好奇心，想要弄清楚周围的一切。这种天生的好奇心存在于我们人类的基因之中，是每个孩子求知欲的源泉。

作为父母，我们的任务就是保护和进一步开发孩子的好奇心和求知欲。这是所有父母都面临的一项艰巨任务。父母对孩子的伤害莫过于抹杀孩子的好奇心。很多小孩，经常要做这个，干那个，玩这个，看那个，父母却不许，硬生生把他们拉走、抱走，哪怕孩子号啕大哭也不理睬。这就是对孩子好奇心的抹杀。这种事情做得多了，孩子就被束缚住了，好奇心也丢失了。而一个缺乏好奇心的孩子是不可能成为一个聪明孩子的。

育儿的关键之一是父母要及时识别孩子的好奇心。发现孩子好奇，就让她好奇个够。不仅不应该把孩子拉走，而且还要想方设法鼓励和激发孩子的好奇心。育儿之常见错误就是对孩子的好奇心视而不见，不把孩子当作一个有独立思想的人来看待，自以为是地认定孩子什么都不懂，不会有自己的见解和打算。年幼的孩子的确没有自己的见解和打算，却怀着天生的好奇心，这是他们探索世界的法宝，夺去这个法宝，就会给他们的成长带来诸多困难。

展现孩子好奇心的最普遍现象就是孩子会问父母很多的问题。如果可能，父母应该对孩子提出的每一个问题都给出答案，并借机循循善诱，进一步启发孩子的好奇心。如果父母一时不知道答案，也不要搪塞孩子，而应该告诉孩子："等我查到答案后再告诉你。"如果父母不想自己查找答案，就告诉孩子，我不知道这个问题的答案；大一点的孩子，就鼓励他们去问同学、老师，或到网上搜索自己找到答案。

对孩子提出的问题置之不理，或搪塞哄骗，慢慢地孩子就不再问问题了。那时父母又疑惑了："这孩子怎么一点都不好奇？"

拼图与积木

方舟刚过一岁时，我们给她买来一盒四套的拼图游戏，每套由十二个小片组成，分别为鸡、牛、羊和马的动物图案。这个年龄的孩子正在学习识别各种动物，所以这些图案与她的知识水平和学习模式相匹配。回家后我们把盒子打开，上面是一幅拼好的牛的图案，看见鲜艳熟悉的图案，方舟很喜欢，就伸手一抓，结果图案立即破裂开来，消失了！见此情景，她一下子就哭了。于是我们赶紧把图案拼好，看见图案重现，她马上又笑了。我们接着又把图案散开、再拼好，连续三四次，告诉她拼图游戏的玩法。她一直全神贯注地看着我们，幼小的心灵被这神奇的"魔术"深深地吸引住了。那天下午她玩得非常开心，一遍又一遍地试图自己把失去的图案重新找回来。方舟从此迷上了拼图。长大后，她的数学很好，抽象思维能力很强，我们觉得很可能和她从小迷恋拼图游戏密切相关。

随着年龄的增长，我们又给她买来28片、84片、250片、500片、750片、1027片和2048片的拼图游戏。随着方帆和方达的降临，参与拼图游戏的人越来越多，气氛越来越热烈，欢乐也越来越多。不过，方帆对拼图的热情不如方舟和方达，而方达又比大姐姐小五岁，水平明显要低，所以方舟就一直是拼图游戏的中心人物。等方达能独立完成2048片的高难度大拼图，拼图水平眼看要赶上方舟时，拼图游戏已经在我们家"过时"。原因是家庭的生活模式随孩子年龄的增长而产生了变化。拼图与乐高及各种棋盘游戏逐渐退居次要地位，而包括体育在内的各种户外活动、旅游、申请大学及其他活动逐渐占据上风，成为家庭生活的主流。

拼图游戏有助于孩子的智力开发和知识积累。一方面要仔细观察每个小片上的色彩图形，另一方面还要研究每一小片的形状特征，这样才能较快地找到该片在图中的正确位置。此外，拼图的图案本身也有一定的教育意义，例如那个84片的拼图是一幅地图，孩子们借此机会学习相关地理知识；那个750片的拼图是一个世界名胜的照片，让孩子们对这个名胜有一个初步的感性认识；那个1027片的拼图是一部著名儿童片的一个主题画面，容易在孩子心中产生共鸣，激起他们拼图的热情。诸如此类的细节问题，都是育儿过程中父母应该注意到的，因为利用这些细节特点，可以很容易地实现寓教于乐，增加育儿的欢乐，提高育儿的效率。

此外，拼图还要讲究策略。应该先从简单的部位着手，把最困难的部分留到最后。先找角，再找边，然后根据拼好的部分来拼其他部分。简单的拼图片数不多，角片和边片占的比例很大。例如，一个三乘四共十二片的拼图，除四个角片外，还有六片为边边片，把这十片拼好后，中间只剩下两片，非常简单！难怪一岁多的方舟也能很快掌握四套十二片的动物拼图。

拼图的成功给方舟带来信心和欢乐，每回我们要给她买新拼图时，她都欢天喜地，跃跃欲试。这种高昂的情绪又反过来帮助方舟攻克更难的拼图。**育儿时父母就是要细心观察类似的微妙变化，帮助孩子形成一个学习与成长的良性循环。**与此相反，如果孩子兴趣索然，就是育儿失当的征兆，此时就不要强行逼迫孩子，而应该先找到症结之所在，排除困难，再继续前进。

当拼图片数增多后，四个角片和边片的占比下降，虽然上述策略仍然适用，但对帮助完成整个拼图所起的作用越来越小，这时更有效的策略是按图案特征首先着手容易完成的部分，此后那些原来比较困难的部分也会变得相对简单。两千多片的拼图已经很难，全家人一起拼，也往往需要一个多月才能完成。很显然，四五千片的就会更加耗时。对此，我告诉孩子们，你们能拼出两千多片的拼图，说明你们已经掌握了拼图的全部技巧。片数的增多只是增加了完成拼图的时间，并不是增加了拼图的难度，更不需要新的技巧。就像笔算加法一样，如果你能把两个十万左右的数正确地加在一起，你就掌握了加法，有能力把任何两个大数加在一起了，尽管数的位数越多，算起来越费时。诸如此类的总结会提高孩子对事物的认识水平，帮助他们把问题看得更清楚、更全面、更彻底。

拼图能培养孩子根据已知信息来寻求问题答案的能力及解决其他各种问题的一般技巧和方法，例如从易到难，从简到繁，分割包围，各个击破等。这些技巧和方法可以用于孩子成长过程中遇到的其他问题，包括所有的数学问题、各种逻辑推理问题及日常生活中的某些问题。在更广泛的意义上可以说，生活就是一个谜，拼图则培养孩子解谜的能力，对他们未来一生的生活都会有积极的意义。总而言之，拼图不仅开发孩子的智力，锻炼他们的思维，同时又培养孩子独立解决问题的能力。有了这种能力，什么事情都会变得简单容易。通过拼图教给孩子知识和技能是寓教于乐的好方法，其效果远远胜于枯燥无味的各种说教和培训。

父母的参与不仅会提高孩子的兴趣，还能及时帮助他们解决出现的问题，让游戏变得简单容易，能够长时间顺利进行。如果让孩子自己玩，或父母只是坐在一旁观看，不参与、不交流、不指导，孩子遇到困难后就容易失去兴趣，难以收到良好的育儿效果。

拼图是二维平面游戏，积木则是三维立体游戏。拼图有固定的最终答案，积木则取决于孩子的想象力和创造力。尽管我们也有几套难度不同的积木，方舟却一直沉迷于拼图，对积木没有表现出浓厚的兴趣，玩得也不多。究其原因，可能是玩积木需要更多的时间投入，更系统周密的事先筹划，更需要得到父母的长时间陪伴和精心指导。另一方面，空间想象力和创造力又往往是女孩的弱点。积木可能更适用于男孩。

方达出生后，他自然而然地跟着姐姐玩拼图，在一定程度上"耽误"了他对积木的自我探索。换句话说，如果我们的第一个孩子是男孩，积木就有可能在我们家发展成一个主流家庭游戏。这个例子说明了自然法则无处不在的神奇力量，它不以父母的意志为转移，时刻都在默默地影响着孩子的成长。

拼图与积木展示出的玩具在开发幼儿智力方面的奇异功效，是许多其他育儿实验与方法难以比拟的，方舟长大后很聪明，就是这样从小一点一滴不断自然积累的结果。利用各类玩具是提高育儿效率的关键之一，更多详情请见后文叙述的"玩具与棋盘游戏"。

幼儿惊人的观察能力和顽强精神

我平时不戴眼镜，只有工作需要时才戴。有了孩子后，怕她不小心把我的眼镜摔坏，我就把眼镜放在她够不着的地方。后来她慢慢长高了，可以够着那些之前够不着的地方，可以拿到我的眼镜了。有一次她注意到我在找眼镜，就不动声色地给我拿了过来。那时我才意识到原来放眼镜的地方已经不安全！此后我就把眼镜放到了更高的地方。

还有很多类似的事情都说明，孩子一直在细心地观察着父母的一举一动，父母的好习惯会在不知不觉中把孩子引导到正确的轨道，坏习惯则会误导孩子。有些父母当面一套，背面一套，把孩子看糊涂了，渐渐地孩子就不信任父母了。更重要的是还可能由此造成孩子的心理问题，遇事不知应该如何处置。

方舟一岁左右开始学步时，我们也采用过通常的训练方法。妈妈在前面拿着孩子喜爱的玩具不断热情招呼孩子走过来，爸爸则给孩子录像，或在后面跟着保护，见孩子要摔倒，就赶紧扶住。等孩子接近妈妈、快够着玩具时，妈妈就往后退，鼓励孩子继续往前走。有一次，方舟接连摔了几跤，我和夫人都连声说："宝宝摔了，宝宝不要走路了！"但她却不怕摔跤，还要继续练习！

其实，孩子到学步时就会有一种发自内心的一定要学会走步的强烈愿望，这个愿望远远胜过要想从妈妈手里得到心爱玩具的愿望，也是孩子不怕摔跤，要继续练习的根本原因，展示了幼儿天生的顽强精神。父母为孩子学步的热情欢呼，会激发她的信心和勇气，起到和孩子交流沟通的作用，还会密切亲子感情。此外，人类的毅力就存在于基因中。当一个人想要做什么，并觉得自己能做到时，她就会不畏艰难，勇往直前，直到成功！这是孩子具有强大内驱力的又一重要原因。

我们的育儿过程中还有许多类似的例子，都说明从幼儿时期起，孩子在做自己喜欢的事情时从来都是十分刻苦、不遗余力的。如果发现孩子对某件事情不热心或不努力，很可能说明孩子对这件事情不感兴趣，或者没有这方面的特长，就不要勉强。

双语孩子的成长特点

方舟的成长展示了双语孩子的成长特点。

第一年在幼儿园，方舟的英文很差。不过幼儿园主要是玩耍，所以连滚带爬也过来了。我们知道很多像方舟那样的孩子，由于从小在家由爷爷奶奶带大，中文口语听力很好，英文则不怎么样，上学时还需要专门补习。这些孩子长大后英文不错，但仔细一听，还能听出他们英文在用词和发音方面有不够纯正的地方。

但是，从小就同时学习两门语言的孩子往往会比较得到更多锻炼。年幼的孩子还不能辨别出两种语言的区别，甚至也不知道自己是在同时使用两种不同的语言。对如此幼年的孩子也难以施行任何理性的正规教育，其成长就是一个自然而然的过程，也就是通过反复的模仿和练习来逐渐掌握。由于两种不同语言同时进入脑海，必然增加幼儿对信息处理的难度，迫使其大脑更加辛勤地工作。可喜的是幼儿的大脑具有极大的潜力，而且其发育成长的速度一日千里，幼儿期正是开发智力的好时期。双语对幼儿大脑的"折磨"正促进了幼儿大脑的发育，实际上起到了有效开发幼儿智力的作用！

大约在方舟进入幼儿园后八九个月的时候,有一天她放学回来后,就一个人嘴里不停地念叨,发出一连串杂乱无章的声音,既不是中文,又不是英文。她这样大约折腾了一两个小时才慢慢安静下来。原因可能是她在学校天天都听自己听不懂的英文,日积月累,脑海中积累了太多的英文信息。她那天的表现很可能是想把所有的英文信息归纳整理成有意义的语言句子——这当然是一个自发的现象,并不是方舟理性的行为,恰恰反映出幼儿自然成长的规律和过程。那天之后不久,她的英文水平就有了明显的提高,对于中文的使用却明显减少了。看起来那天像是她从主要使用中文转变到主要使用英文的转折点。

此后,她似乎也弄明白了中英文两种语言的差别,开始把它们区分开来,分别对待,不再像从前那样把两者胡乱搅混在一起。

不过和其他美国孩子相比,她的英文还是差得很远。只有到了第三年上学前班时,她的课堂英文才开始接近其他孩子的水平。我们都知道,课堂之外,孩子和家人及孩子之间还会有许多语言交流,这些场合使用的语言又有不同的特色,那就是更加的口语化。

任何一个外国孩子,要彻底掌握当地语言,都需要长期的积累。就方舟这样的孩子而言,由于其父母和周围的熟人都不是以英语为母语的,因而削弱了他们自然学习和练习的效果,以至于他们要彻底掌握英语还是非常困难的。

正因为如此,方舟虽然从一年级起就是班上的佼佼者,各科成绩一直名列前茅,在课堂上却沉默寡言。初一时我们转到了公立学校,方舟也顺利考入特快班,并很快结识了一个美国女孩埃米利,两人随即成为好朋友。有一次,我问方舟谁是班上最聪明的孩子?她毫不犹豫地说是埃米利。其实到高中后,埃米利在各方面都远远不如方舟。方舟之所以认为埃米利更聪明，主要原因可能是自己的英文水平明显不及埃米利。

整个初中阶段，方舟都属于沉默寡言那类学生。但到了高中，情况就发生了急剧变化，方舟似乎一下子变成了另外一个人，突然之间变得非常大方、勇敢、外向，愿意广交朋友，要竞选年级学生代表，进入校学生会。其原因是她终于突破了英文难关，可以显现自己的真正本色了——方舟原本就不是一个沉默寡言的孩子！

中国父母育儿十分重视早期英文学习。从方舟的经历来看，要真正掌握一门语言其实是十分困难的，尤其是要想达到母语的水平，更是难上加难。不过，从小让孩子学英语，有可能起到开发智力的作用。

六、欢乐陪伴最重要！

孩子幼年欢乐成长，心灵受到启迪，长大后他们的思维就会展开驰骋的翅膀，飞到父母难以想象和预料的地方，沿途构筑自己的梦想，对梦想的追求随即转换成源源不断的内驱力。这时你就知道，孩子已自由翱翔，要他们再回到父母的羽翼下，都已不可能！

有人说教育就是要点燃孩子内心的火把，自然体系则告诉父母要在孩子幼小的心灵播下火种，当它们开始燃烧时，不要试图扑灭，而应让它们越燃越旺。事实上，当幼儿带着天生的好奇心去探索世界时，有时也会无意中在自己的心里播下神秘的火种，有时是父母老师某些不经意的言行，或是电影电视中的某些场景情节，等等。

带孩子去公园

公园里玩的东西很多，大部分都有婴幼儿玩乐的跷跷板、大小滑梯、秋千、动物模型、锻炼臂力的爬设施、简易登山模型、捉迷藏的隐蔽躲藏处、喷泉式玩水区域等，以及篮球场、网球场、沙滩排球场及可踢足球的大片草地等。公园基本上就是一个户外健身游乐场所。

与室内体育馆和儿童博物馆类似，各种少儿设施均符合小孩的性格特征和游玩方式，是促进他们身心健康成长的好帮手。经常带孩子去公园有助于培育出一个健康聪明的孩子。

我们带着三个孩子玩遍了周围的几十个公园。有很多公园在我们购物的路上，路过时就顺便停一两个小时，让他们出去玩一玩。

我们去得最多的是我们自己小区的那个名叫"普林斯顿"的公园。后来方舟考入普林斯顿大学，我们还拿此来开玩笑。不过，孩子们都称之为"角上公园"，因为这个公园就在我们家的角上，步行两分钟就到了，从我们家的窗户就能看见公园里的情况。只要天晴，又不是隆冬季节，我们几乎天天晚饭后都带孩子们去那儿玩。

其次是我们邻近小区的那个公园，开车两分钟，步行十余分钟。这个公园的设施和"角上公园"有所不同，所以我们隔一段时间就去一次，变换一下玩乐环境和设施。

幼儿时期的育儿就是这样，自然而然，看上去平淡无奇，却时时充满深情和喜悦。亲子关系自然建立，寓教于乐轻松实现，孩子幼小的心灵受到启迪，憧憬未来的种子已经埋下。这个时期的欢乐陪伴是育儿成功的基础和关键。

参观儿童博物馆

儿童博物馆就像一个很大的玩具库，孩子到了博物馆就像到了乐园，可以玩乐享受的方式似乎无穷无尽。

博物馆的设计、布局、活动完全是基于各个年龄段小孩的成长特点，是儿童心理学和教育学研究成果的实体展示，带孩子去博物馆就是按照这些研究成果来科学地养育自己的孩子：锻炼他们的身体，满足他们的好奇心，启迪他们的心灵，开发他们的智力，激发他们的热情。这一切都可以在不知不觉的玩耍游乐之中实现。按自然法则育儿，从来就不是对孩子放任不管，而是需要投入大量的时间和精力，尤其是在孩子年幼的早期。不同的是，这样的投入，带给孩子和父母的是欢乐和成长，而不是焦虑与疲惫。

父母没有必要花大力气去学习儿童心理学和教育学方面的知识，父母在这些方面的认识必然有限，理解也不会深刻，更不可能自如地将这些成果转化成有效的育儿策略。充分利用儿童博物馆和其他公共育儿设施，就是实现科学育儿的最佳途径。

我们第一次带方舟去儿童博物馆时，她还不到一岁。之后，我们又带着三个孩子去了方圆一百多公里内的所有儿童博物馆，而且其中很多博物馆我们都去过多次，那些就近的好的儿童博物馆我们前前后后带着三个孩子去过十多次。

很多儿童博物馆都有一个小房间，里面放着排管鼓锣之类的打击乐器，孩子们可以这个敲一敲，那个打一打，然后聆听不同乐器发出的不同声音。父母可以引导孩子通过实践来获得"长管发出的音低，短管发出的音高"之类的物理常识。

有些博物馆还有像河流一样的设施，孩子穿上博物馆提供的防水衣后可以往水上放自己的玩具船只，然后跟随船只漂流而下，河道上还有闸门可以操作。此外还可以操作很多设施，如杠杆、斜面、滑轮等简单机械，操纵大吊车、挖土机，寻找恐龙化石，打简易保龄球，测试棒球的投球能力，模仿到超市购物和付款、到餐馆就餐，练习登山、攀爬、钻洞，进行各种手工操作，了解某些最新科技研究成果，如虚拟现实、遥控装置、人工智能、指纹脸谱的机器识别、基因工程等等。简而言之，就是项目活动很多，科学知识随处可得，寓教于乐轻松实现。

可乐洒了

大约三岁时，一次方舟打开冰箱，不小心把放在冰箱侧面的可乐瓶子摔了出来。由于瓶盖盖得不严，摔到地上后瓶盖就脱落了，可乐洒了满地。我们马上告诉方舟："没关系，没关系，用拖布擦干就好了。"我们当时关心的不是可乐洒了满地造成的麻烦，而是孩子会不会因此而受到惊吓。由于我们不紧张，方舟也满不在乎，在妈妈擦地时，她还津津有味地观看，边看边说："擦干，擦干，还有这儿！"

事后我们告诉方舟，一方面是盖子没拧紧，那么以后就要注意把盖子拧紧；另一方面，拿东西时也要小心，不要把东西摔到地上，惹出麻烦。然后我们又接着说，如果什么时候出了问题也不要紧张，要想想应该如何正确处理，那样才是个聪明的孩子。方舟马上兴奋地说："我知道，如果可乐洒了，就用拖布擦干！还要把瓶盖拧紧。"顿一顿后，又接着说，"拿可乐时也要小心。"

有些父母可能会因为类似的失误而训斥孩子，甚至惩罚他们。孩子年幼，缺乏生活的常识和能力，偶尔犯错是难免的。犯错其实是孩子成长的重要环节。父母的任务是利用孩子犯错的机会帮助他们有效快速地成长。孩子从自己亲身经历中获得的知识和经验教训往往刻骨铭心，甚至终生难忘。

训斥孩子会让孩子受惊吓，那样留在他们心灵的就很可能是恐惧，而不是成长的快乐。如果惩罚孩子，就会将孩子的注意力转移到惩罚的方式和惩罚什么时候才会结束等枝节问题。这样一来，孩子就难以从自己的错误中学到教训，失去了一个成长提高的机会。长大后回忆起这些往事，孩子还可能会感到委屈，甚至对父母的怀有怨恨。

方舟上幼儿园

因为夫人一直在家全职带娃，方舟从来没有进过托儿所，幼儿园对她来说就是一大关口。此外，语言也是大问题。方舟在家和我们讲中文，三岁时她的中文水平与同龄中国小孩无异。尽管我们也时常教她一些英文，但她的英文水平还是很有限，远远赶不上同龄的美国孩子。

方舟去的是一所比较好的私立学校，入学之前学校要对孩子的语言和智力进行基本测试。测试时和老师单独在一个房间，老师用英文问她一些简单问题，意在测试她的反应能力。但方舟却什么也听不懂。妈妈在门外干着急，只听见方舟用恳求的语气对老师说："阿姨，我要回家！"可惜老师完全听不懂中文。所幸的是测试时间不长，几分钟就结束了。

后来学校告诉我们，方舟是该校接受的第一个不会英文的孩子。

幼儿园主要就是玩。在孩子玩时，老师会仔细观察，并在家长会时告诉家长孩子某块大肌肉小肌肉的发育情况。如果发育欠佳，就告诉家长要注意帮助多锻炼那块肌肉。

作为父母，如果花大力气去研究幼儿各块肌肉的发育发展情况，那是很枯燥无味的，也会因此而失去育儿的欢乐。如果幼儿园的项目和活动能有针对性地促进幼儿肌体和心理的全面健康发展，那当然是再好不过了！家庭教育和学校教育是相互补充的，父母不应该把属于学校教育的事情统统揽到自己身上。

为了配合学校的教育，我们经常带孩子去就近的公共图书馆。图书借回来后，孩子会自己先看，我们也尽量抽空和孩子一起学习，教她认字，帮助她理解故事的内容等。幼儿书籍大多都是图画为主，文字很少，有的书一页只有一个字。阅读这样的图书，会帮助孩子对图画和色彩的认识，同时也帮助他们开始识字。

由于孩子很小，老师经常会在孩子的书包里塞纸条，告诉家长应做的事情。例如，明天有图书馆课，要把孩子上周借的书放在书包里；两天后轮到你的小孩带零食，要把零食准备好放在书包里；等等。

总而言之，幼儿教育应该建立在幼儿成长发育的基本规律基础之上，各项内容要适合孩子的年龄，包括促进孩子的肢体发育和心理成长，无需高深的超前教育，更不要逼迫孩子去完成那些超出他们身体发育水平和心理承受能力的高难度任务。幼儿教育应该以玩乐为主，但玩乐活动的背后应该有儿童心理学和寓教于乐的教育理念。这样做就符合本书提出的育儿家教自然体系。

父母也应该尽量使用"寓教于乐"和"欢乐育儿"的理念。过早对孩子进行系统正规教育有害无益，例如早期费尽九牛二虎之力获得的些许领先，往往会在转瞬之间消失得无影无踪，给父母带来不必要的遗憾和焦虑；过早的超前教育还会剥夺孩子的欢乐，压制他们的好奇心等。

早睡早起身体好

我们从小就教育孩子早睡早起，有充足的睡眠才会有好的身体。从三四岁起，孩子睡觉时间定为九点，初中起延至九点半，高中时又延至十点。如果超过15分钟左右还没有睡，我们就会提醒他们。

诸如此类的事情，事先给孩子讲明白就会比较顺利。孩子很小，通常都很听话，父母怎么安排他们就怎么做，不会有怨言。然而，我们对就寝时间也不是每天都严格执行，有时我们自己都忘了，或者发现时就寝时间已过了半个小时，那时我们就会赶紧告诉孩子们该睡觉了。绝大多数时候都是孩子们到点就自己睡了，无需任何提醒。

最重要的是给孩子传达"早睡早起、充足睡眠才会身体好"这个观念，执行细节并不特别重要。我们也没有任何奖罚制度，不过是一切顺其自然而已。归根结底，是为孩子创造一个良好的起居环境，在这样的环境中长大的孩子，会深深懂得睡眠的重要性。

高三高四时，方舟的就寝时间逐渐推移到十一点，偶尔会更晚，极个别时候凌晨一点还能看见她房间的灯光。由于方舟从小非常懂事，自己的事情管理得井井有条，所以我们也不干涉，只是提醒她要保证充足的睡眠，不要伤害自己的身体。慢慢地方舟就形成了周末晚起补觉的习惯。

到了普林斯顿后，她的就寝时间继续推移到十二点左右。按照我们的标准，那是太晚了。但按她周围同学的标准，还算是早的。我们也知道大学的生活，很少有人早睡早起，绝大多数人都是晚睡晚起，不同之处在于谁更晚，晚到什么程度。这个例子展示了"早睡早起"和"以孩子为中心"这两条自然法则有时会相互冲突，这种情况下父母要根据实际情况找到一个折中方案，通常而言，"以孩子为中心"是一条更加重要的自然法则。

我们经常告诉孩子健康的身体才是最重要的，生活中没有任何事情比身体更重要。虽然方舟的作息规律已经从早睡早起转变成晚睡晚起，"身体比任何事情都重要"这个思想仍然停留在她的脑海深处，她仍然在尽一切努力保持健康的身体。只要这个信念一直支配着她的生活，大学期间的晚睡晚起就必然是短暂的，她终究会再回到早睡早起的好习惯。

孩子的成长是一个漫长的过程，不同的时期会有不同的特点，生活习惯也会随之不断变化。同样的教诲，不同的孩子会有不同的表现。育儿要面对现实，要有灵活性，要把握大方向，无须为临时性的细节问题斤斤计较。

用玩具玩游戏

不同年龄段的孩子喜欢不同性质的玩具。

一般说来，十岁之前的孩子整天就是玩。父母可能觉得孩子在学习或受教育，但从孩子角度而言，所有活动都一样，那就是玩。只不过在老师的监管之下，他们不敢很放肆而已。父母会经常批评孩子顽皮、不认真，其实孩子并不懂得什么是顽皮，什么是不认真，他们不过是在展示自己的天性而已。

利用孩子的这些特点，正可以通过玩乐来实现寓教于乐和智力开发。芝加哥冬天寒冷，是我们陪孩子玩游戏的最好季节，每年感恩节和圣诞节，我们都要玩一整天的游戏。方舟在申请大学的一篇作文中满怀深情地讲述她对这些美好游戏时光的无限眷恋，足见游戏对孩子的影响。

生活类

简单说来，生活玩具教给孩子简单的社会和生活常识。我们有一套厨房玩具教给孩子有关厨房操作的知识，一套照顾婴儿的玩具教会孩子如果照顾婴儿。厨房知识和他们的吃喝挂钩，婴儿照料与他们自己的生活联系，学习起来比较容易。老大和老二都是女孩，这类玩具也很合适。方达出生后，我们就又买了许多适合于男孩的玩具，例如各种各样的汽车、船只、飞机玩具或模型及与之匹配的附加设施。

电动类

电动玩具常常伴随着运动、灯光、声音和音乐，增添乐趣，让孩子的生活更加活跃和丰富多彩。我们有一套电动火车，开动起来会发出有规则的声音。火车停下来后，孩子可以假装卸货。此外，火车还有播放音乐和歌曲的功能。这一连串的活动会让孩子欢快忙碌，专注投入。

玩音乐玩具时孩子们会自然而然地翩翩起舞，放声歌唱，不知不觉中就学会了很多幼儿歌曲和欢快乐曲。我们有一个玩具电子琴，存有几首乐曲，还有增加额外音响效果的按键。三个孩子都非常喜欢。经常玩音乐玩具为孩子们后来学习乐器打下了基础。钢琴的键盘和电子琴非常类似，只是发声机制不同，长期的音乐熏陶也形成了孩子们良好的音乐感知能力。

此外我们还有许多其他有趣的电动玩具。父母应该根据孩子的年龄和兴趣，随时增购合适的玩具，丰富孩子的生活，启发他们的思维，开发他们的智力。

智力类

玩智力玩具可以训练注意力和练习动脑筋。我们有几套卡片记忆游戏。玩之前先把所有卡片面朝下放好，再像洗牌一样把卡片随机混合。玩时每人一次同时翻开两张卡片，如果图案相同，就收为己有，并接着再翻开两张卡片；如果卡片图案不同，就将它们重新面朝下放回，轮到下一个人。游戏的关键是要记住卡片的图案和位置，那样轮到你时就能翻到相同图案的卡片。游戏结束后，得卡多者为赢家。孩子们很喜欢这个游戏，经常一起玩。

方舟三岁多时我就教她玩走迷宫。走迷宫可以提高孩子的观察能力，懂得不同线段的含义，例如不能逾越没有缺口的线段，要想从一条道换到另一条道，只能在线段的开口处才能转弯实现。如何从入口顺利走到出口更是对孩子智力的挑战。

练习英文单词拼写的卡片游戏的玩法是用自己手中的卡去覆盖桌面上的卡，并拼写出一个新的英文单词。游戏测试孩子对英文单词的拼写及从一个词转换到另一个词的能力。方帆英文很好，是经常的赢家，然后是方舟，方达年幼自然玩不过两位姐姐。我对这些单词的掌握和反应能力也不及两位女儿。这其实是好事。因为能够真正凭借自己的实力成为游戏的赢家会让孩子们很高兴，增加他们的自信心。

总而言之，每种玩具或游戏都有自身的特色。陪孩子玩耍，可以巩固亲情，寓教于乐，增长孩子的见识，启迪孩子的心灵。这种环境中长大的孩子，聪明能干，才思敏捷，对未来充满幻想和希望。理性觉醒之后，就会产生种种强大的内驱力。

亲情是人生最大的财富

大女儿去普林斯顿时建了一个家庭信息群，那时只有她一人在外，信息群还不是很活跃。二女儿进入哈佛后，情况就不一样了，两个女儿几乎每天都往群里发送大量生活与游乐方面的信息（学习方面的信息很少），不是要向我们汇报什么，而是要时时刻刻分享她们的欢乐，展示了我们和女儿之间令人快慰的亲密关系。

养儿防老是一个值得再思考的概念，孩子和父母之间的亲情其实可以有多种表现形式。孩子不是父母的财产，亲情才是人生最大的财富！有生之年尽享与子女亲密关系带来的人生欢乐，病危辞世之际儿女是否在身边已无关紧要。

七、才能发掘，素质培养

育儿的一项重要内容是"素质培养"，很多人心目中的素质培养需要父母投入大量的时间和金钱。按照自然法则，素质培养可以在玩乐中自然实现，可以在参加学校组织的各项活动中轻松完成，无须父母的大量投入。从孩子出生的第一天到高中毕业，整个过程都是对孩子进行素质培养的过程，素质培养已自然纳入自然体系，无须父母挖空心思去刻意追求。

音乐的熏陶

方舟是我们的第一个孩子，她给我们带来的喜悦难以言表。比如胎教，在根本没有思考过胎教是否有效的情况下，我们就买来两盘婴儿小夜曲光盘对她进行胎教。且不说胎教是否有效，这些小夜曲的确悠长舒缓、美妙动听，为早期培养孩子的音乐素养起到了积极的作用。

养育孩子，不应该时刻着眼于功利，而应该着眼于幸福。有了这两盘音乐光盘，每天晚上睡觉前播放一个小时，也给我们的生活增添了乐趣，带来了幸福。孩子出生后，我们就把光盘放在车里，每回出门，只要孩子坐车，就给她播放这些美妙的乐曲，让她从小接受音乐的熏陶。

此外，我们还给孩子买了很多能播放音乐的玩具。孩子玩玩具，听见美妙的音乐，常常会情不自禁地翩翩起舞、歌唱。看着孩子玩得开心，我们也幸福无比，经常鼓励赞叹："好！宝宝会跳舞，好美！"有时还会和孩子一起歌唱舞蹈，让生活充满欢歌笑语。

我喜欢唱歌，吹竹笛，后来又自学钢琴。方舟曾多次告诉我，我唱歌、吹笛子和弹钢琴，都让她感受到音乐的美妙，成为她学习钢琴和长笛的原始动力。

我每年都带着全家一起参加多场各种类型的音乐会。在方舟学习钢琴第六级时，要学习一首柴可夫斯基第六交响乐的主题曲。正好那年夏天有一场音乐会也要演奏该曲，我就带着全家到场欣赏。方舟听得特别认真，回来后练习该曲的热情倍增，不仅很顺利地就学会了该曲，而且对该曲更有深刻的理解和特别的钟爱。

艰难的钢琴起步

方舟三岁半时我们就买了钢琴，不过当时并没有要立即请老师教她钢琴的打算。现在我还清楚地记得，钢琴送到我家的那天下午，秋高气爽，阳光明媚。看见整齐摆放在大厅的崭新钢琴，我非常激动，顺手弹了几首自己熟悉的歌曲。但我马上就觉得不对劲——广播里的钢琴曲不是这样的。晚饭后，我们全家开车到附近的书店，购买学习钢琴演奏的书籍。我在店里阅读挑选两个多小时后，购买了其中的三本。回家后继续阅读那本在店里就已经读了一半的书籍，到晚上十一点多就读完了。当时有一种自己已经会弹钢琴的感觉。

后来我发觉那本书是入门级的，于是又重新买来别的书籍，逐渐弄明白了真正的钢琴演奏技巧，前后我共自学钢琴两年多。

　　方舟四岁半的时候，我第一次试着教她弹钢琴，感觉她还不开窍，就很快放弃了。第二年夏天，又再次尝试，可惜她仍然不开窍。和朋友谈起这事，朋友说，父母教孩子学钢琴行不通，孩子会在父母面前自然性撒娇，不听指挥，不会用心学习。

　　几个月后，方舟快六岁时，我们送她到附近一位钢琴老师那里学钢琴。刚开始一切正常，进度还比较快。尤其是在学习她喜爱的旋律时，方舟表现非常出色，受到授课老师热情赞扬。可惜一年后她就开始感到吃力，进展缓慢。我们度过一个长假，孩子也一个多月没有碰钢琴。然后重新开始，但是仍然不行。两三个月后，她干脆不学了。

　　方舟学钢琴，每次都是我带她去。老师说，孩子看见父母就会分心，所以每回授课老师都把门关上，我坐在外面，什么也看不见。出于好奇，我时常问孩子："老师是怎么教的？"她说："就是指着书上的音符教我弹啦。"我说："每回学新曲，老师有没有先示范一下呢？"她说没有。我自己认为，每次学新曲老师应该先示范，一方面让孩子对整个曲子形成感性认识，另一方面还能让孩子观看老师的弹奏姿势、指法等。小孩子模仿能力很强，先示范有助于尽快掌握新曲。曾经好几次我都暗自心里想："像这样教钢琴，我自己都会。"

　　但是，等方舟不要再学钢琴，"轮到"我来教她时，我又很犹豫。

　　这是一个重大决策。如果我不教她，她的钢琴生涯就在七岁多时结束。如果教她，又面临两个问题：一是我很忙，没有那么多时间；二是我没有受过任何正规音乐训练，只是一个音乐爱好者，自学钢琴而已，也许根本就没有教授钢琴的能力。而老师虽然水平低，毕竟还是受过专业训练的。

　　思索再三，我还是决定试一试。为此，我每次都要认真备课，并进一步学习有关钢琴演奏的理论和技巧。虽然很多曲子我自己根本弹不上来，但我一定要弄明白每一个音符究竟应该怎么弹，然后再指导方舟。

第一次授课，我翻开她的钢琴课本，跳过她之前已经学过却未能掌握的"乡村舞曲"，直接从一首描写火车的曲子开始。"乡村舞曲"是一首曾经让方舟失败的曲子，她难免会有一种望而生畏的感觉。

火车虽然早已在我们的生活中退居次要地位，可幼儿玩具、幼儿读物、游乐场所、儿童博物馆中却都有许多关于火车的内容。而且我们还有一套电动火车玩具，那是方舟最喜欢的玩具之一，她去儿童博物馆时也曾多次玩过各种玩具火车。总而言之，火车是她非常熟悉的事物。描写火车的乐曲模仿火车开动起来的节奏和声响，在她心中产生强烈的共鸣，这首曲子很容易就学会了，不仅给方舟继续学习钢琴带来信心，也给我继续教她钢琴带来信心。

整个学习过程中，我感受到了孩子内心的踏实和自然，满心的幸福感和安全感。因为从孩子出生的第一天起我就天天陪她玩儿，父女之间亲密无间，这种关系一直延续到现在。以前到老师那儿学习，她多少有点忐忑不安，尤其是后来学习遇到困难，她更是不愿意去见那位老师。**世上哪有比父母更亲近的亲人，哪有比家更舒适温馨的环境？良好的家庭教育是学校教育成功的保证，是孩子走上社会后能正确认识和处理人生各种问题的前提。**

在教方舟学习钢琴的过程中，我很快就发现了一个重要问题，那就是学习钢琴太难了。和别的乐器不一样，钢琴需要双手同时演奏两套不同的旋律，需要同时阅读两套乐谱。此外，音乐通过节奏和音响效果来表现或忧伤，或欢乐，或勇敢顽强的音乐形象，讲述打动心灵的美丽故事。学习音乐，没有内心的共鸣是很难学好的。内心的共鸣又是通过孩子对音乐的感知来实现的，而音乐感知又来源于早期音乐的熏陶。

由于是一个指头按一键，双手十个指头就可以同时按下十个键。其实，左右手的拇指均可同时按下相邻的两个键，钢琴演奏可以同时按下十二个键，让十二个不同的音符同时发声。事实上，还真有这样的钢琴曲！这么多音符同时发声，也增加了听音的难度。此外，还有钢琴脚蹬的应用及标注在乐谱旁边的演奏注意事项，如重音、轻音、连音、断音、渐强、渐弱等。这一系列的庞大信息需要大脑能及时、迅速、准确处理，否则就会出错。从这个角度而言，学习钢琴对开发智力会很有帮助，如果孩子的大脑能迅速准确地处理这么多信息，自然就是一个发达的大脑。

总而言之，学习钢琴是一件很难的事情，需要想方设法进行简化。

如何把钢琴学习变得简单容易随即成为我和孩子一起共同探索的课题。我经常同方舟交流，询问她学习钢琴的体会，问她问题出在什么地方，如此等等。**经过一段时间的探索，我们终于一起摸索出一套学习钢琴的好方法，方舟的钢琴从此变得轻松容易。**

直观示范的魔法

另一个让我感到无助的是由于自己水平有限，每首新曲都不能先给孩子示范。以前老师授课不示范我就不满意，现在我自己不能示范自是苦不堪言。极强的感知和模仿能力是小孩远胜于成人的强大武器，抛开这个武器不用，就会给孩子的学习带来不必要的困难。

为此，我到网上搜索，很快就找到了幼儿钢琴教材一至四级的音乐光盘。与此同时，出于不同的原因，方舟又出现了要学不下去的迹象，因而我特别希望音乐光盘能帮助孩子渡过难关。于是赶紧购买，期盼早日收到。

至今我还清楚地记得，那天下午收到光盘后我特别兴奋，马上就打开播放，并兴奋地叫方舟过来和我一起观看。可她却兴趣索然，慢慢悠悠地跟了过来，但是看着看着，兴致逐渐提高，约一个小时后她就变得很高兴了。毫无疑问，这些光盘立即成为方舟学习钢琴的又一得力助手，学新曲之前，我们一起反复聆听，然后再练习。

在之后的日子里，三个孩子会经常边播放乐曲，随曲起舞欢呼，嬉笑打闹。这些热闹欢快的时光，自然而然地加深了孩子们对乐曲的理解和喜爱，对他们的钢琴学习起到了推进的作用。

有了光盘的帮助，方舟的演奏越来越容易，信心也越来越足，很快就顺利学完了第四级，然后就跃跃欲试地要学第五级。我却由于没有专业的帮助，不敢贸然前行。其实，我早就买来了五六两级的教材，也早就研究过第五级的第一首曲子《巴西假日》。这首曲子对我来说很难，我看了几次也没有弄明白应该如何演奏。为了给自己更多的时间查找资料，进一步研究这首曲子，我就告诉孩子："不着急，你多练一练四级中那首要求二部演奏的曲子，二部演奏是一个重要技巧，但全书只有这么一首曲子有二部演奏，所以要反复练习。"方舟很听话，按我的要求，反复刻苦练习，为今后更难的二部演奏打下了坚实的基础。

后来我又多次反复搜索网络，终于找到一个小女孩演奏《巴西假日》的视频。那是2010年夏天的事，网上视频很少。

我叫方舟和我一起观看。视频里的小女孩看上去像个中国孩子，年龄也和方舟相仿，大大激发了她的学习热情，"既然她都会，我也会！"果然方舟很快就学会了让我觉得难于上青天的"巴西假日"，这让我惊讶不已！

父母往往会觉得自己见多识广，能在各方面轻易胜过孩子。事实上孩子的模仿能力和学习能力都是成人难以匹敌的。

此后，方舟的钢琴基本上是势如破竹，再也没有遇到什么大的困难。其实这种势头早就开始了，应该是在我收到音乐光盘之后不久。那时，方舟的钢琴学习正面临新的困难，根本原因是她的演奏技巧正要进入一个新的水平，是钢琴学习出现平台期的正常现象。

不断试错、不断进步

两年后，方舟学完了整套教材。

之后，我又购买了三本专业钢琴曲，挑选一些著名乐曲教她练习。由于缺乏相关知识和经验，我为她选的第一首是格里格的《安尼特拉之舞》。这实为一大错误！书中的曲子都很难，根本无法试弹。选曲时完全依赖于看谱，可谱也很复杂，只能凭想象来估计乐曲的演奏难度。结果我的估计和实际情况相差太远！《安尼特拉之舞》是一首难度很高的曲子。尽管方舟那时信心百倍，热情很高，从不叫苦，持续不断地刻苦练习，仍然过不了那一个又一个的难关。后来还是我慢慢发现了问题，劝她放弃了。

有了这个教训，之后选曲时，我就先让孩子试弹一阵，如果感觉还可以，就继续努力，反之就赶紧放弃，重试新曲。就这样，方舟很快就又学会了多首古典钢琴乐曲。后来她说一些朋友在弹奏鸣曲，于是我又买来两本共22首海顿、莫扎特、贝多芬的钢琴奏鸣曲。这些曲子最短的有9页，长的则达21页。乐曲很长本身就是一个难题。所以我们就从短的开始，这些曲子对方舟来说已经很难，加之高中期间，她的事务十分繁忙，用于练习钢琴的时间逐渐大幅度减少，最终她也只能有两三首奏鸣曲弹得不错。

整个过程中我也在不断学习成长，音乐素养有了长足的进步，慢慢地居然也能谱写乐曲了。开始时是有感而发，后来就可以像命题作文似的为指定题目谱曲了。只可惜我没有什么时间可以用来进一步追求这样的雅兴。

参加音乐夏令营

2015年方舟初中毕业，那时她正在学习贝多芬作品49号第2首的G大调奏鸣曲，贝多芬给这首乐曲的题名是"容易的奏鸣曲"。那年夏天方舟去参加一个蓝湖艺术学院主办的夏令营，主修长笛，副修钢琴。

每天六小时学习六首长笛的新曲子，排练夏令营结束时的音乐会；两小时的钢琴，方舟就在老师的指导下练习贝多芬的G大调奏鸣曲。从夏令营回来后，方舟的长笛有了长足的进步，钢琴演奏也有明显提高，还说老师纠正了她弹奏时的一些手臂、手腕姿势错误。

方舟的进步主要取决于她的浓厚兴趣和一丝不苟的刻苦精神，她干什么事情都有一种强烈的自我追求精神。从小就注意培养孩子的这种精神是育儿成功的关键。去夏令营之前，我们从来没有跟她说过要刻苦学习、不要辜负了这个好机会之类的话。只是告诉她那里的环境很美，这次经历一定会给你留下终生的美好回忆。

蓝湖夏令营营地在密歇根州北部的大森林里，离我家约四个半小时的单程车程。林中有一大湖叫"蓝湖"，夏令营由此得名。营地中的碎石小道纵横交错，阳光下面，星星点点。更有依偎湖旁的泳池，夕阳之下，令人浮想联翩。炎炎夏日，那里的气温却在25摄氏度左右，舒适宜人。

整个营地环境恬静优美，加之附近又没有人烟，像一个与世隔绝的世外桃源。同学们居住在简易的棚屋之中，不许带手机，仅可和家人朋友书信联系，扫却现代的喧嚣，回归自然的朴素。在那样的环境里学习艺术、音乐、舞蹈，必然其乐无穷，而且还会陶冶性情，激发对美好人生的憧憬、展望与想象。

原打算让方舟考一个钢琴级别证书，帮助她的大学申请，但我在网上查来查去也没有找到哪儿有这样的服务。**我又想，孩子学钢琴是一种素质培养，并没有要成为专业音乐人才的打算，而且育儿也不能太功利，最重要的是孩子的欢乐和父母的喜悦，这些我们都有很多很多，何必再有苛求？**于是也没有让她考级，并且三个孩子都没有参加过任何钢琴比赛，都只是当兴趣爱好。

长笛吹奏

三年级时的某一天，方舟放学回家后告诉我们，学校来了一位音乐老师，把大家领到一个满是乐器的房间，让每个人都试一下各种乐器，然后说她吹长笛最合适。

我喜欢中国竹笛，出国时带着一套12支竹笛，偶尔也吹一吹，每次方舟都觉得笛声悠扬，悦耳动听。尽管如此，我反复试了几次，仍然未能让长笛发出声音。西洋长笛的笛声和形状虽然与中国竹笛相似，吹奏方法却很不一样，长笛要比竹笛长得多、重得多，握笛就吹的姿势也非常不同。

我和方舟轮流反复试吹了一个多小时，才勉强让长笛发出声音。由于我当时情绪高昂，不断告诉方舟可以这样试一下，那样试一下，所以方舟情绪也很高，没有觉得半天吹不出声是个问题。

我很快就放弃了长笛学习，只是每回都陪着方舟练习，及时帮助指点鼓励。

笛子吹奏需要相当的肺活量。吹奏低音力度小、速度缓，还比较容易，高音力度大、速度快，困难很大。我至今还清楚地记得，当初有一首曲子有一个高八度的 F 音，方舟把这一个音吹三四遍就会累到。为此她比较沮丧。我告诉她，没关系，原因是你现在年龄小，几个月后这个问题就会自然消失。正如所料，两三个月后，这个 F 音就不在话下了。可惜又出现了一些更高的音，构成新的困难。不过有了 F 音的成功经验，方舟自己也满怀信心，没有畏缩情绪。

由于她扎实的钢琴基础，不存在识谱方面的问题，对音乐的节奏、内容也有较好的感觉和理解能力，所以笛子演奏进步很快。半年后她就从初级班升入中级班，一年后又升入高级班。等她离开私立学校时，已经是高级班中的佼佼者。

到公立学校后，方舟准备考学校的管乐队。我就和她一起加紧练习。其中有一首曲目很难，节奏快、高音音符多、音乐情绪复杂多变，方舟下了很大工夫才掌握，顺利考入学校的管乐队。

校乐队对提高方舟的笛子水平很有帮助，方舟在钢琴方面的才能更促进了她对长笛的迅速掌握。所以第二年方舟就成为校乐队的第一长笛，备受老师的喜爱。受老师推荐，方舟和另一名演奏中提琴的同学一起为学校的女生合唱队伴奏。

进入高中后，第一年按规定只能在学校的"一年级乐队"，从第二年起可以经过考试进入不同水平的乐队。学校共有五个管乐队。除了"一年级乐队"外，还有一个水平最低的乐队，无须考试就可以自由进入，另外三个乐队则要求通过三个难度不同的曲目考试，方可入选。

那天方舟异常兴奋，放学一回家就迫不及待地告诉我有关乐队考核的情况。她说她要考水平最高的乐队。我照例完全赞成，全力支持。于是我们一起把八首曲子从头看一遍，接着开始拟订练习和考试策略。

读者请注意，是方舟自己要考水平最高的乐队。我从小培养她积极向上的精神风貌，难怪她有一种自然的进取精神。我之前根本不知道学校各个乐队的情况，也从不给孩子们施加压力。**一切由他们自己决定，我的任务就是大力支持。这就是以孩子为中心的育儿方法。**

我们三个孩子对音乐的兴趣源于早期的音乐感染和熏陶及由此而引发出来的对音乐的热情、理解力和浓厚兴趣，完全没有父母的逼迫或监督。父母要做的就是让孩子早早接受音乐的感染和熏陶，并经常和他们一起伴随乐曲嬉戏打闹。音乐是美丽动人的，受到音乐的感染会很容易地自然发生。幼年的孩子，热情活泼，对新知识、新经验有来者不拒的巨大包容力和接受力。

音乐带来幸福，幸福的孩子信心百倍，求知欲旺盛，进而促使孩子在其他方面自我追求，形成强大的自驱力。

方舟曾想学小提琴

方舟考入初中的校乐队后，正值方帆开始学小提琴，没几天方帆就能拉出动听的旋律了。此间我和方舟也会偶尔一试身手，渐渐地方舟就动了要学习小提琴的心思。这就是音乐的魅力。

不过我告诉她，你之所以一上手就能拉出美丽的旋律，是因为你已经打下扎实的钢琴和长笛基础。这正说明乐器演奏的相通性和音乐的共同性。另一方面，要真正学好一门乐器并不容易，需要付出很多的努力。你已经在学习钢琴和长笛，要把这两门乐器都学好，还需付出很多的时间和精力。如果你再学小提琴，时间就肯定不够用，更何况你还要学习许多其他的功课。

方舟觉得有道理，就打消了学习小提琴的念头。其实方舟有一个颇有音乐舞蹈天赋的同级同学，她那时就是同时学习三门乐器，整天忙得团团转。

后来有一段时间，方舟需要投入较多的时间大练长笛；高三高四时，她修的全部是 AP 课程，难度大，也需要较多的时间投入；高四又同时担任六项领导职务，日程排得满满当当。这一系列的经历都再次让她认识到当初没有学小提琴实为明智之举。

八、成长过程中的曲曲折折

落选初中排球队

从初中起，方舟很快就同（方舟认为是全班最聪明的）美国女孩埃米莉成为知心好友。埃米莉酷爱体育，长期在就近的足球俱乐部踢球，也是球队的明星队员。后来埃米莉又鼓动方舟一起计划加入学校的女子排球队。为此，两人先是经常在我家后院一起练排球，后来又参加学校主办的排球夏令营，刻苦训练。

排球是我比较擅长的运动之一，我自己喜欢排球，更有动力经常陪方舟练习，帮助她提高发球、垫球、传球及鱼跃倒地扑救险球的技巧。方舟个子高、力气大，是一个练排球的好材料。如果能进入排球队，也是一个锻炼成长的好机会，所以我们一直很支持。

八月底开学后，埃米莉和方舟一起参加校队选拔赛，结果埃米莉勉强进入水平较低的校二队，方舟则完全落选。于是埃米莉给方舟出主意，建议她加入学校的排球俱乐部，继续练习，希望高中时能入选排球队。由于两人关系密切，方舟喜欢这个主意，执意付诸实践。

于是我开导方舟，那些入选的同学，她们目前的水平就比你高，今后她们还有很多的训练和比赛机会，她们的水平还会进一步提高。而你加入排球俱乐部，这个俱乐部成员的水平本来就不高，训练又不正规，你的进步不会很快，不太可能赶上那些校队的同学。另一个问题是，我们学区有三个初中，但只有两个高中。所以，目前全学区共有六个初中排球队（每所初中都有一队和二队两个队），到高中后就会合并成四个队，这样一来，连很多初中校队的队员都进不了高中排球队，你的希望就更小。

更重要的是，即使你今后勉强进入校队，也很可能是一个水平较低的替补队员，不仅比赛时上场的机会少、时间短，而且平时在队里的地位也低，在教练和队友们的眼里都是一个弱者。你各科成绩优秀，一直是老师和同学们眼中的强者，到了队里是不会开心的。

我还进一步告诉她，生活中有很多很多的机会，没有一个人有那么多的时间和精力把这些机会一个个都尝试一遍。正确的做法是选择那些你最擅长的项目来发挥自己的特长，而不是去追逐你的弱项，暴露你的弱点，给自己的生活带来痛苦和麻烦。排球不是你的长项，没有必要跟自己过不去。毕竟生活是以长取胜，不是以短致败。

方舟很理性，觉得爸爸讲得有道理。虽然感情上还一时难以接受，眼泪汪汪的，但心理上已经完全认同爸爸的劝告。之后她把精力转移到领导才能方面。到高四时（美国高中为四年），方舟同时担任六项领导职务，是全校名声最响亮的学生领袖。

参加奥林匹克科学项目

初中期间，学校每年都组织多项奥林匹克科学项目，由学生自愿选择参加。虽然也可以单人参赛，但老师总是鼓励同学们互相合作，集体参赛。方舟曾参加过多项项目，并在地区和州竞赛中多次获得奖牌。

一个有意思的项目是她和好友埃米利共同设计的垃圾回收处理方案。基本内容是先对垃圾进行焚烧，用释放的能量把水烧开，再用水蒸气去推动一个轮子，轮子在磁场中转动就能产生电流。这其实就是发电站的基本原理和程序。为此，我还带着方舟去了几家商店，买来相关用品和工具，在家反复试验。这个项目后来获得州级金牌。

另一个是方舟的个人项目。她用小塑料杯子在室内种了十二颗蒜，分为三组，每组四颗。第一组是正常栽种，作为试验的参照。第二组是侧面栽种。就是等蒜苗长出来之后，将杯子侧面放倒，让蒜苗沿侧面方向生长。第三组则是倒着种。先在杯子底面开一个小口，等蒜苗从小口中长出来之后，就将杯子挂在空中，让蒜苗头朝下生长。目的是要证明由于地球的重力，植物能辨别出自己的生长方向，而且总是会试图沿着重力的反方向生长，亦即与地面垂直向上生长；与此同时，植物的根则沿重力的方向向下延伸。实验中发现，侧种和倒种的蒜苗都会慢慢扭曲偏离原来的方向而逐渐转为向上生长。实验结束后再小心划破塑料杯子，观察蒜苗的根在生长过程中发生的相应变化。这个项目最终也获得了州级金牌。

这些活动有益于开阔孩子的视野，启发他们去独立思考、独立研究。如果进一步下功夫，这些研究成果都可以发表在专业学术刊物。方舟没有这方面的兴趣，我也不强求。

尽管我觉得这些活动很重要，每个孩子都应该尽量多参加。但方帆和方达却都没有兴趣，两人都没有参加。虽然我觉得有些遗憾，还是没有勉强，由他们去了。毕竟孩子的路还得由孩子自己去走。类似的情况可能很多家长都会遇到，希望我们的经验会有参考价值，帮助父母作出选择。

差0.2分没有拿A竟是因祸得福

美国的学期成绩是所有平时考试成绩和家庭作业的加权平均。初三时方舟一次化学只考了72分，但她当时却没有告诉我，觉得自己能处理好。等到只剩最后一次期末考试时她才让我赶紧帮她复习准备。尽管考了满分，最后算出来的加权总成绩为89.48分，但是她需要89.5分才能得A-，否则就是B+。她只需要在过去的任何考试中查出0.2分左右，加权分就能突破89.5。于是方舟向老师提出查阅以前所有考卷的要求。老师同意了，但查卷过程中，老师始终坚持以前的打分，结果一无所获。

这次经历，让方舟懂得了两个道理，一是出现问题，应该马上补救；二是失之毫厘，差之千里。从此后，方舟做事更加认真，考试方面再也没有出现勉强拿A的情况。这个B+是方舟初中三年唯一的B，虽然是一个挫折，却为她今后的成功奠定了坚实的基础。

失败和挫折并不可怕，可怕的是处理失当，把一个学习成长的机会变成自暴自弃、丧失信心的理由。孩子的成长原本是一个自然的过程，任何时候都不应该摆出如临大敌、破釜沉舟、拼死拼活、不达目的不罢休的阵势。怀着这样的心态，只能带来育儿的焦虑和惶恐。

高一时方舟竞争学校最高水平的管乐队，考核内容是对八首乐曲的演奏，其中七首可以通过网上直接提交，最后一首是一气完成十二大调两个八度的音阶练习，中间不能有任何间断，而且每个音的音质要高，这首乐曲需要直接向老师提交视频。

网上演奏时，音乐软件会自动打分，并标出每一个音符的演奏结果，但只有音高和节拍是否准确两项内容，软件不能识别音符的演奏质量，最后这项指标只有老师亲自聆听时才能做出判断。方舟演奏的七首乐曲中有五首的软件打分为100，另外两首为99和93。每当软件打分达到100时我就鼓励她提交，她却总说，不行，音质不好，老师听时会发现问题。

八首乐曲的难度不一样，那首最终勉强得93分的曲子非常之难，当她第一次练习时，我就认定她不可能把这首曲子吹好。为此，我和她一起制订了一个策略，那就是先把那些容易的曲子一个个提交上去，然后留出充分的时间来反复苦练这首最难的曲子，一旦达到90分以上就提交。这就是为什么其他曲子一旦获得100分，我就会催她提交的原因。尽管方舟尽了很大的努力，那首曲子也至少练了一二百次，最终也只有三次软件打分在90以上。

出人意料的是，在方舟提交全部曲目约两周后，她就收到主管老师的电子邮件，说那首最难的曲子演奏有错误，要她再练一下，重新提交。我当时觉得很奇怪。一方面孩子已经尽了最大努力，以她那样的演奏水平，入选乐队应该毫无问题，至于那首曲子存在的问题完全可以今后再慢慢改进提高。另一方面，方舟兴趣十分广泛，同时还参与多个学生社团的活动和学生会的工作，她的时间非常有限，分配到乐队的时间已经耗尽，再练就不得不占用分配到其他活动的时间，或者必须更加刻苦，减少睡眠或休息时间。尽管如此，方舟还是又抽出时间，进一步练习，把软件打分提高到95分后重新提交。

后来才知道，其实老师对方舟的演奏十分欣赏，要她重新提交是对她提出了更高的要求，并不会影响到乐队的入选。等她入队后，很快就升任乐队的首席长笛，并于高三时升任校乐队的学生指挥，高四时又晋升为首席指挥。

方舟的学习

作为一个学生，最重要的任务就是学习，学习成绩自然也是衡量一个学生是否成功的最高标准，其他非学习方面的知识和才能则是衡量一个学生是否全面发展的辅助标准。面对一个高度发达的现代社会，一个全面发展的人自然会有更多的生存机会、更大的成长空间和更高的成功概率。要让孩子成绩好，重要的是要及时教给孩子正确的学习方法。

教给孩子正确的学习方法

上四年级时，一个星期五的下午，方舟从学校回来，我发现她泪眼汪汪，问她怎么啦？她说今天老师布置了好多作业，觉得无法完成，所以难受。

我首先安慰她，说："没关系，告诉爸爸都是些什么作业。"

她说："星期一要完成这门功课的作业，星期三还有另一门，星期五又有一门。"

我说："今天是星期五，还有三天才是星期一，你觉得三天能完成第一门功课吗？"

她说："没问题。"

我说："那不就好了吗。第二门和第三门功课可以先不要管，等第一门完成后，再开始做第二门，然后再做第三门。主要问题是要统筹一下，预先估计一下每门功课需要多长时间才能完成，然后留出充分的时间以保证按时完成各科作业。最后还要把做每门功课的时间具体化，一起标注在一个作息时间表上。"

在我的指导下，她自己做了一个作息时间表，在表中留出充分的时间以保证按时完成各门功课。我还告诉她，作息表上还应该有充分的玩乐休息时间，不能是什么时间都学习，那样你就会很累，效率不高，事倍功半，得不偿失。

做事情要注重效率，找到问题的关键，做到事半功倍。归根结底，就是要学会如何尽快地抓住问题的本质，如何恰当地安排和管理自己的时间，进而圆满按时完成各科作业。

那时候，方舟每天都有半小时的钢琴练习。我告诉她，如果时间不够，这些天都可以不练钢琴，首先确保按时完成各科作业。钢琴可以灵活安排，不是每天非弹不可。与此相反，不能如期完成作业就会影响学习，造成心理负担。从那天起我就把她每周练六次钢琴改成每周四次，减轻她的负担。

作为父母，要多从孩子角度考虑问题，要经常为孩子分忧，而不是时刻给他们加压。只有欢快的心情和轻松的环境才能带来幸福的生活和学习的高效。痛苦和焦虑都是育儿失败的前兆，必须时刻远离。

我当时的反应是，一方面可能是孩子的功课开始紧起来了，另一方面，也可能她正开始进入一个自我约束、自我学习的新阶段。无论如何，她正处于一个生活的转折时期。这种情况下，她更需要的是轻松愉快和满满的信心，而不是焦虑、紧张与不安。按我自己对工作效率的体会，一个人只有满怀信心、欢天喜地的时候，才会有极高的效率。另一方面，焦虑、紧张和不踏实只会带来疲惫和低效率。

多年后，方舟告诉我，那天是她生活中的一个重要转折点，从那以后，学习变得轻松、简单、容易，考试拿A基本上不成问题。即使多年后到了普林斯顿大学，在同学们个个都是学霸的情况下，方舟仍然是拿A的高手，一个重要的原因是任何时

候她都对拿Ａ充满坚定的信心。

方舟的学习能力不断提高，逐渐达到了炉火纯青的地步。什么功课都难不倒她，而且速度很快，效率极高。上高中后，方舟一下子对很多事情发生兴趣，除了要进入校学生会外，还要进入其他几个学生社团、俱乐部。而代表学校参加数学竞赛又是她从不间断的重要活动，同时还要继续练钢琴和吹长笛，面临着时间不够用的潜在危机。

于是我又多次跟她谈过关于如何提高效率的问题。我说，如果一件事情别人用三小时做好，你应该用两小时就能做好，而且要比别人做得更好，这样你才能在竞争中取胜。如果你需要四小时才能做得比别人好，那你是失败了，因为如果别人也用四小时，那他们就会比你做得更好。你不能说那我就用五小时！因为大家每天要都只有二十四小时，你这样不断加时间，二十四小时都被你用光了，又怎么办？况且，耗时越多，你就会越疲劳，效率就会越低。最终只能是输得更惨。

如何才能提高效率呢？那就是要从更全面的角度来观察和理解问题，形成更深刻的认识，迅速找到彻底解决问题的最佳方案。很多家长迷信笨鸟先飞、顽强拼搏，以为这是成功之道。但在我对孩子们的培养过程中，这些一直是我育儿过程中要极力避免的。只有高效率的工作方式和轻松愉快的生活模式才能长久，痛苦挣扎取得的最佳效果是暂时成功、永久失败。孩子需要今天就取得成果，更需要明天永不衰竭的无穷后劲。初高中就把孩子累到了，耗干了，考上大学后，人生刚刚开始，孩子却精疲力竭，无力向前。这样做，其实是误了孩子，严重时还会毁了他们一生的前程。

人生是一场马拉松，考上大学，孩子的生活才刚刚开始。考上好大学，面临的对手更聪明，竞争更激烈。走上社会，更是问题层出不穷,让人应接不暇,那时候孩子还有能力和精力来应对这一切吗?他们还能过关斩将、披荆斩棘、奋勇向前吗?

自己的学习自己管

自从四年级自律以来,我对方舟的培养目标就是自己的学习自己管,并将这一目标明确告诉她。方舟听后很高兴,因为这给她一种主人翁精神似的自豪感,让她觉得自己长大了。在这个原则的指导下,我从来没陪她做过家庭作业。但是,在方舟的心目中,爸爸永远是她学习方面的坚强后盾。无论她遇到什么问题,只要找爸爸就会得到解决。所以,她心态平和,充满信心,没有对任何困难的畏惧感。这是孩子自己管理自己事务的心理基础。

无论什么时候她和我谈学习问题,我都热情洋溢,并时常借机对她当前的学习内容进行引申发挥,告诉她即将要学习的内容及这些内容的要点和意义,让她对未来满怀期盼和憧憬。所以,方舟也特别热爱和向往学习。每回她要开始学习新内容时,她都会兴高采烈地告诉我。这种模式一直到高中都没有改变。

对学习的渴望和热情是孩子内驱力的源泉。

五年级起,方舟就加入了学校的数学俱乐部,每回从俱乐部回来她都拿着二十多道数学难题,要我帮助求解。这些题真是很难。即使现在回想起来,仍然让我觉得惊异,面对这样的难题,方舟怎么没有畏惧退却放弃,反而每回都是津津有味地让我帮她求解?**孩子幼年欢乐成长,心灵受到启迪,他们的求知精神就会让你震惊!**如果她早早放弃,我也不会逼迫她,那数学肯定就不会成为她的强项了。可她是按照自然法则养大的,这样的孩子从来就不会在困难面前退却；相反，他们干什么事情都满怀喜悦，充满信心！我们的三个孩子，没有一个会在困难面前退却。

虽然只是初中水平，那些竞赛题却都是所谓的偏题和难题，属于通常数学课不讲授的内容。我读高中时只参加过一次地区数学竞赛，对这类题并不熟悉，更不是所有题我都能马上找到正确的解法，还有些题虽然能求出正确答案，解题方法却繁杂冗长。**我觉得珍贵的是父女俩都全神贯注、热情洋溢、乐此不疲，从五年级到八年级一直如此。**

我做得最多的就是帮助方舟求解数学竞赛题。后来我慢慢发现有许多问题我之前都已经给她讲过多次了，她却仍然不理解。刚开始我还觉得奇怪，后来方达也有这种情况，我才慢慢明白，这些偏题怪题由于与正常数学课的内容脱节，要真正掌握其实很难。**反过来说，即使孩子背住了解题套路，成为考试专家，取得竞赛好成绩，对其一生的成就也不一定会有多少帮助。**

上高中后，方舟继续参加数学俱乐部，代表学校参加各项数学竞赛，不同的是她不再拿那些偏题怪题来麻烦我了。一方面可能她发现这些题对爸爸而言也很难，另一方面她也可能意识到，要在数学竞赛中取得出类拔萃的成绩很难。最终方舟只有两次取得了州竞赛的资格，但都没有在州竞赛中取得名次。方舟的数学虽然很好，却还不是州级优胜者。

除了数学竞赛题外，平时数学课的一些习题她也需要帮助，不同的是这些习题对方舟和我而言都很简单，能很快得到圆满解决。值得指出的是方舟对待这些问题的态度和我和她一起求解这些问题的模式和气氛很好。每回她有疑问，都会兴高采烈地来找我，然后很快就能满心欢喜地离去。时时刻刻都是方舟在把握自己的学习，不是我对她进行任何定期的严密监督。我所做的就是每次都马上放下手中的活，首先解决她的问题，然后再作一些引申，帮她全面深刻地认识相关问题，起到触类旁通，举一反三的效果。这种良好的学习环境和融洽的学习气氛不仅给孩子的学习带来无穷的乐趣，更增加了孩子学习的主动性，构成孩子自己管理自己事务的重要环节。

其他课程如 AP 化学和 AP 经济学，她偶尔也需要一些帮助。美国历史和欧洲历史，甚至文学等话题，我们也常有讨论。高二时方舟选修 AP 欧洲历史。寒假前，老师鼓励大家在寒假期间构思拍摄一张有意义的照片，寒假后让全班同学一起评选出一张优胜照片。我出于自己的需要，那段时间正在学习欧洲历史，而且我买来的那本书也正是方舟的 AP 欧洲史教材。于是方舟就构思了这样一张照片：我和她并排坐在圣诞树旁，聚精会神地阅读同样一本欧洲史。照片虽然没有入选最佳，却显示了我和女儿的亲密关系。**养儿育女，亲子关系十分重要。有些父母"为了孩子好"就和孩子三天一小吵，五天一大吵，那样育儿难以成功。**

总体而言，方舟学习中最重要的主题是"自己的学习自己管"，所有的学习问题都由她领头提出。有问题我就帮助解决，没有问题我就"袖手旁观"。

找到方法，优异的学习成绩得来全不费功夫

掌握了正确的学习方法后，加上自己的不懈努力，方舟的学习变得越来越轻松，越来越容易。方舟取得了全方位的优异成绩，对我而言，真可谓"得来全不费功夫"，从初中起我在她学习方面花费的时间就逐渐减少，高中时几乎都不用管了。相反，在她很小时，我反而在她身上花了很多时间。**由此可见，**

按自然法则育儿，早期的投入更多，早期的投入又表现在陪孩子嬉戏玩乐，而不是过早地对孩子进行应试教育。

由于成绩突出，领导才能非凡，高三时我曾建议她提前一年申请大学，但她没同意，觉得还是正常高中毕业后再上大学比较妥当。进入普林斯顿后，由于她在高中已经修了很多门AP课程，满足普林斯顿提前毕业的条件，我们也希望她能提前毕业。但方舟却选择了正常四年毕业的道路，因为她想在普林斯顿多待一年，可以学到更多更高深的知识。这两个例子都说明了方舟本人的心态和办事方法，那就是脚踏实地，稳扎稳打，而不是急于求成，操之过急。育儿要尊重孩子的想法，否则就会弄得他们无所适从，搅乱他们内心的安宁，有害无益。

自然育儿法则就这样一步一步陪你走完育儿这个充满无限欢乐的过程。育儿是人生最大的乐事。请保姆帮助育儿，甚至过分请辅导老师辅导功课，过分请教练对孩子进行运动素质培养，都是对育儿欢乐的牺牲。有条件的父母一定要自己养育自己的孩子，因为其中的欢乐是任何金钱、地位、名誉都难以弥补的。人生一世难免要做出这样那样的牺牲，唯有育儿的欢乐不能牺牲。

获总统学者提名

方舟成绩优异，获当年总统学者候选人提名，全国每年有四千余人获此殊荣，接下来就是提交进一步的申请材料，然后评选委员会再筛选出约160位总统学者。概括起来，总统学者申请材料就是要写七篇长短不同的文章来回答如下七个问题。

1.你是否已经做出你的职业选择？

2.描述你的家庭或社区的某些重要特点，告诉我们这些特点是如何树就了今天的你？

3.描述你做过的一项有创造性的工作或项目，告诉我们这个项目如何展示了你对世界的看法，以及你如何看待生活在这个世界中的自己？这个项目可以是某个科学理论、小说、电影、诗词、歌曲或其他的艺术形式。

4.描述一个你对你的社区或某些人或某个人作出的一项奉献，告诉我们你为什么会那样做，你觉得你的行为对那个人或那些人或你的社区产生了什么样的影响？

5.描述你曾经犯过的一个错误，或者经历的一个严峻挑战，面对这样的困难，你是如何应对的？你从中学到了什么？

6.用作文的方式提名一位影响老师，指出这位老师在高中期间从哪些方面深刻地影响了自己的成长（一旦学生获得总统学者称号，这位被提名的老师就会自动获得总统学者导师称号）。

7.写一篇关于自己的长文（不超过7000英文字符），要求写得有风格、深度、个性，同时还要展示出自己广阔的知识面。

这些作文其实和申请名校的文章大同小异。不过大学申请的文章通常很短，或者只需要写其中的一两篇就足矣。这样七篇凑在一起，而且每篇都要求相当的篇幅，工作量很大。学校没有这方面的指导老师，方舟全靠自己，结果落选。**这让她懂得天外有天，人外有人，任何时候都还有进一步改进提高的余地。**

和高中期间取得的所有成就一样，总统学者只是一个阶段性成果，会为自己的简历增添色彩，对孩子一生的成就却不会有大的影响。到普林斯顿后，方舟发现有许多同学都来自各地的顶级高中，远远强于自己就读的高中，同学中也有很多奥数优胜者，各种超级奖牌获得者，不过却没有一人曾同时担任过六项领导职务。正因为如此，方舟很快就成为普林斯顿的学生领袖。

　　作为父母，我们应该记住，孩子一生的成就需要一生的努力，高中阶段所取得的成绩，无论如何出类拔萃，仅仅是步入名校的敲门砖，代表他们人生的起点，还远远不是他们人生的顶峰。

九、内驱力：觉醒的心灵追随幸福的脚步

年幼的孩子需要父母去帮助他们发现自己的爱好与特长；长大后，孩子的心灵觉醒，会自然而然地去追逐自己的梦想。来自心灵的力量才是无与伦比的内驱力。方舟的领导才能和社区服务，方帆的艺术追求与小说创作，方达的音乐进取和视频制作都是这样的例子。

有早期的智力开发和心灵启迪，孩子必然对世界的一切充满渴求和憧憬，这些又必然激发他们内心的梦想，成为内驱力不尽的源泉。自然体系就这样不知不觉地解决如何培养孩子内驱力这个育儿难题。

一颗被唤醒的心灵

初中三年，方舟除化学得一个B外，其余各科均为A。不过她特快班的同学中还有三人全部是A，方舟的好友埃米利就是其中之一。就学习成绩而言，方舟初中期间位居第四。

八年级快结束时，高中学校组织了一场熟悉高中生活的大型活动，向未来的新生和家长全面介绍高中生活的方方面面。那天晚上，我带方舟同往。只见学校的图书馆、教室、走廊人来人往，川流不息，热闹非凡。热烈的气氛烘托出更加活跃的高中生活。我和方舟都马上认定，应该充分利用高中的各项资

源，积极投身学校的各项活动，拓展活动范围和知识面。方舟非常激动，跃跃欲试之情油然而生。

她的英文已经达到母语水平，沉睡的心灵终于被唤醒！

其间巧遇埃米利和她的父母。寒暄之后，谈起孩子的高中计划。出人意料的是，埃米利的父母说初中三年，埃米利太苦了，因为是特快班，学习进度很快，连喘息的机会都没有，上高中后，要放慢节奏，享受自由轻松的学习。原来埃米利初中三年的优秀是建立在顽强拼搏基础之上的，到了高中就有点拼不动了，想要躺平。父母育儿，如果拔苗助长，或过早迫使孩子全面投入，就容易形成睡眠不足，留下透支体弱等后遗症，等到上大学时已是精疲力竭，这样的育儿终归是得不偿失。

与此相反，方舟一上高中就像变了一个人似的，一下子变得精力充沛，异常活跃。过去的方舟属于沉默寡言、文静端庄型，高中一开始就变成了无处不在的主动出击型。

入读普林斯顿后，方舟的心灵又再次被唤醒，迅速投入普林斯顿更加广阔的学习生活。**真正的赢家必然是后劲无穷，越战越勇的。那些从幼儿园就逼迫孩子全力以赴的养育方法，很难培育出有如此后劲的孩子。**

组织活动和领导才能

方舟为长，妹妹方帆比她小两岁，弟弟方达比她小五岁，方舟自然而然地成为领导弟弟妹妹的大姐姐。不管什么时候，如果需要三个孩子协调配合，我就总是让方舟负责，帮助组织活动，带领方帆和方达。

爸爸生日音乐会和家庭圣诞音乐会

大约在方舟七八岁时，为了提高孩子们练习钢琴的热情，我提出了要孩子们一起共同主办一年一度的"爸爸生日音乐会"，得到孩子们的热烈响应。他们觉得主办"爸爸生日音乐会"就是一件乐事！方舟自然成为音乐会的主持人，督促和帮助妹妹弟弟尽早选定表演曲目。这是方舟领导才能的萌芽。

每年在方舟的主持下，三个孩子努力练习，为爸爸的生日献上一台最美的音乐会。有关音乐会的筹划和安排，我一概不参与，完全由三个孩子商量解决。他们在选曲、排序、场景点缀、作品菜单设计等方面下了很大功夫，同时还要保守秘密，给爸爸一个意外的惊喜，所以总是带着喜悦和期待的心情去练习他们精心挑选的曲目。

生日聚会是孩子们最熟悉最热衷的事情，因为每年爸爸妈妈都要给他们过生日，邀请小朋友来参加，当别的小朋友过生日时也邀请他们去参加，所以他们对整个聚会前前后后的安排知道得清清楚楚。难怪当我提出这个建议时，他们会毫不犹豫地应承下来，还每年都期盼着爸爸生日的到来。

与"爸爸生日音乐会"几乎同时，我们又增加了一年一度的家庭圣诞音乐会，仍然由方舟主持筹办。不同的是圣诞音乐会演奏的都是孩子们喜爱的节日喜庆乐曲，曲目虽然简单容易，却大大增加了全家一起欢度节日的气氛。

参加学生会工作

尽管方舟有在家领导弟弟妹妹的才能，在小学和初中她却长期寡言少语，原因是她的英文水平还不过关。老师和同学们谈论课外的事情时，她基本上只是听个大概。即使自己有好主意，她也常常插不上话，因为别人讲话的速度太快。

进入高中后，方舟才活跃起来，一下子加入了五个学生社团，有专门为社区活动无偿奉献的服务社团，音乐爱好者协会，西班牙语俱乐部，校数学竞赛队，及全国优秀数学学生协会。此外，她还要竞选校学生会的年级代表。

方舟做事认真努力，在竞选上下了很大功夫，多次到各种场合发表演说，可结果揭晓时，她还是落选了。原因是她从初一才转入这个学区，大部分同学都不认识她，要得到他们的选票还是很难的。

不过方舟没有因为落选而放弃，而是继续争取最后一个进入学生会的机会。孩子幼年欢乐成长，长大后遇到困难就会不屈不挠。

原来年级的14名代表中只有12名为竞选的优胜者，还有2个保留名额掌握在当选代表和负责学生会工作的老师手中，用于帮助那些特别想参加学生会工作的同学。竞选结束后，新一届的学生会马上投入工作，其中一项最难的工作就是筹办一年一度的"返校活动"。返校活动在某个周末举行，届时不仅有正式舞会，还有花车游行。为此，每个年级的学生会成员要共同制作一个大型花车，展示一个有意义的主题。做花车特别辛苦。最忙的那个周六，学生早上8点到场，一直工作到晚上10点才能离开，中间学生会提供免费午餐和晚餐。

为了通过那2个保留名额进入学生会，方舟必须参加花车的制作。那年参加这项活动的还有另外3名同学，活动结束后4人中只有2人能进入学生会。鉴于这种情况，我建议方舟不要参与花车制作，不要参加学生会，因为学生会工作繁忙，会影响学习。但是方舟特别坚决，就由她了。"返校活动"结束后，方舟和另外一名同学幸运入选学生会。

父母看问题有自己的考量，却不一定符合孩子内心的向往；为孩子出谋划策是好事，但凡事应适可而止，父母强势到剥夺孩子的自主权就过了头，就是错误育儿。

学生代表的任期是一年，高二开始，又需要重新竞选。所幸的是经过一年的努力后，方舟已经在同学们中树立起一定的威信，获得了这次竞选的胜利，得以连任年级学生代表，同时却有4名前代表落选。可见当学生代表也不是一件容易的事情，要付出努力，获得同学们的信任才能连选连任。如果没有真实的兴趣，就不要参加。做其他事情也一样。

第二年的"返校活动"结束后，方舟被学生会的全体成员推选为校学生会执行委员会的会议秘书。会议秘书是一个比较低级的领导职位，其职责是为学生会执行委员会的会议做记录。职位低，工作琐碎，主要要求打字速度快。由于学习钢琴的原因，方舟每分钟能打100个英文字以上。

高四时，方舟决定竞选校学生会主席。当时共有三名候选人，两名女生，一名男生。竞选期间，方舟曾请两名平时和她关系较近的男生帮助竞选，结果他们却说已经决定支持那名男候选人了。最后果然也是那名男生获胜。竞选失败后，方舟比较沮丧，不过和我简单交谈后，她就恢复了积极向上的精神风貌，之后她又当选为第一副主席。在担任第一副主席的两年期间，方舟共组织筹办了八场领导才能的培养报告会，投入了大量的时间和精力。其间我多次和方舟探讨，帮助她进一步提高办事效率，在劳逸结合的前提下实现更有效的时间管理。

与此同时，伊利诺伊州地区学生会的冬季年会秘书长出现空缺。在主管老师的支持下，方舟参与了年会秘书长的竞选，并获得成功。地区学生会管辖就近的60多所高中，作为冬季年会秘书长，有时需要到很远的学校参加会议。而且每次开会，必须有学校的主管老师陪同。所以，参选地区学生会的领导职位必须先征得主管老师的同意。作为学生会的骨干领导，方舟积极参与和组织学校一年一度的返校舞会、男士选美和毕业舞会等多项活动。

学生会期间，主管老师经常告诉同学们要为学校和社区作贡献，加深了方舟对领导职务和职责的认识，经常和社区成功人士交流也提高了方舟多方面的学识和素养，更加强了她对领导工作的热爱。

这些是我始料不及的，更无法事先精心筹划，但方舟的内心却早有冲动，是早年埋在她心里的火苗开始越燃越旺的必然结果。正如前文所写的那样，"孩子幼年欢乐成长，心灵受到启迪，长大后他们的思维就会展开驰骋的翅膀，飞到父母难以想象和预料的地方"。自然体系强调育儿要在孩子幼小的心灵播下许多的火苗，然后让它们自由燃烧。早期辛勤耕耘，后期的收获会让你震惊。

其他组织工作

除了在校学生会服务，高四期间方舟还担任四项其他领导职务，分别为学区学生代表会主席，校乐队首席指挥，校数学竞赛队队长和全美优秀数学学生协会高中分会副主席。加上校学生会第一副主席和地区学生会秘书长，方舟高四时共担任六项领导职务。

我们学区有两所高中，学区学生代表会代表两所高中的全体同学与学区领导就学区教学法规、学生守则、学生行为等多项事宜进行沟通和磋商。方舟高四时正值学区给每位学生发放免费手提电脑的第二年。手提电脑是供学习用的，预先设置了严格的防火网，防止使用者搜索非学习网站。由于防火网过分严密，学生甚至无法搜索如何申请大学奖学金方面的信息，有的学生还要求允许搜索菜谱、糕点制作方法等简单生活信息。于是方舟和另外两名同学就和主管防火网的负责人举行了三次会谈，解决了防火网过于严密的问题。

学校的乐队横跨四个年级，约有一百三十人，乐队有一个首席指挥和三个普通指挥，全部由学生担任。方舟高三入选乐队普通指挥，高四升任首席指挥。方舟的音乐才能和办事一丝不苟的态度，在她高一报考校乐队时就得到了音乐老师的赏识，这个结果一点也不意外。由于人数众多，乐器声音洪亮、铿锵有力，每次乐队出动都是声势浩大、场面壮观。乐队的活动包括每年学校都要组织的返校游行、圣诞游行、圣·帕特里克节日游行。乐队另外一个最重要的任务就是为校橄榄球队的主场比赛助威助兴。美国的橄榄球赛非常热闹，深受各阶层人士的广泛喜爱。像方帆这样对橄榄球赛毫无兴趣的学生，也曾多次去感受比赛的热烈气氛。音乐带给方舟的是更多的生活情趣和对人生的多维度感受，不是疲惫不堪的时间投入和咬牙切齿的拼搏和坚持。

方舟常年和其他同学一起代表学校参加各种地区级别的数学竞赛，由于成绩优异，高四时当选为校数学竞赛队队长。由于同样的原因，方舟还在高四时当选为全美优秀数学学生协会高中分会副主席。

领导才能属于素质培养的范畴，与自然育儿法则中"让孩子自由自在全面成长"的原则一致。高超的领导才能对孩子一生的成就会有很大帮助。但这并不是说，每个孩子都必须担任众多的领导职务。方舟对领导工作的喜爱完全出于她内心的热爱。育儿要以孩子为中心，不要把父母的愿望强加给孩子，也不要出于攀比心态，让自己的孩子去效仿别人。

社会责任心与社区服务

高中四年，方舟还参加了大量的社区活动。这些活动能培养孩子的社会责任心，引导他们以高昂的热情投入社会生活，为未来的人生成就打下基础。

加入社区服务团队

高一时方舟加入学校的社区服务团队，这个团队的活动就是随时为社区提供各种志愿者服务。有一次某个单位组织一场大型招待会，方舟就去帮助接待到会的客人，任务就是帮助存取客人的外套。工作简单，但是需要投入时间。快到圣诞节时，她又和服务团队的其他成员一起到商店门口为慈善组织募捐。这些活动让人感觉简单而快乐。

为学校活动提供志愿者服务

学校的活动很多，经常需要志愿者帮忙。每年一度的高中新生服务晚会方舟都去帮忙。这个晚会的内容是为即将进入高中的初三学生介绍高中的生活，届时摊点林立，向未来的新生展示高中生活的方方面面。志愿者的任务主要是守摊和指路，及回答学生和家长的相关问题。

学区还为初中生举办每年一度的音乐艺术竞赛及指导会。由于参加学生人数很多，才能表演需要在许多教室同时举行，需要志愿者帮助把门。有一次方舟第二天就有一门重要考试，但仍然坚持为音乐艺术指导会把门。她把那些需要温习的材料拍成照片，存到手机上，借把门的间隙查看手机，复习功课。

同行辅导

同行辅导是高中生活的一大特色。顾名思义，同行辅导就是学生辅导学生的活动，通常是从某周日的晚7点到晚9点半。只有成绩优异的学生才能担任辅导工作，接受辅导的通常都是学习有困难的同学。但也有例外，有一次就有一位成绩很好，也是方舟的好朋友之一的学生，要求方舟为她辅导数学。

同行辅导有助于培养同学们之间的相互信任和合作精神。面对今日白热化的竞争，也不要把同桌的同学都变成了竞争对手，成为你要刻意超过和击败的对象，这样做容易形成彼此之间的敌意，互相合作变得困难，最终也不利于社会的发展进步；这样培育出来的孩子往往也会缺乏对他人的信任，对其今后的生活和事业发展都会有害无益。

为公共图书馆提供志愿服务

每年暑期，方舟和方帆都到我们小镇的公共图书馆做志愿者服务。主要任务就是整理书架，让图书按编号在书架上正确整齐排列。作为奖赏，图书馆会给他们一件印有图书馆名称和图案的T恤衫，以及若干糕点券，非常有意思。

主办伊利诺伊州地区学生会冬季年会

2018年冬，方舟以秘书长的身份主办伊利诺伊州地区学生会为期两天的冬季年会。地区学生会有规定，如果活动盈利，利润归地区学生会，如果亏本，亏损部分由秘书长所在高中补齐。这项活动在过去六年以来一直亏本，但2018年方舟主办的年会实现盈利2000多美元，主要原因是她在订酒店和租会场时谈判到了优惠价格，又向成员高中有效推销，使得与会人数超过200，收取到了满意的入场费。

方舟在这件事上表现出了策划才能，这是多年厚积薄发的结果。按自然体系育儿的一个重要目标是逐步实现孩子自己独立管理自己的一切事务，这样，在孩子成长的过程中，遇到复杂的事情，他们也能独立自主，充分发挥自己的创造才能，解决问题。

十、普林斯顿：奋飞的起点

开学之前先热身

普林斯顿迎接新生的传统是校长为同学们选一本书，然后于六七月间邮寄给每一位同学，希望大家利用暑期空闲时间、在开学之前认真通读全书，开学后学校会组织新生对书的内容和观点展开全面讨论。校长给同学们的读书指南是，不要一味认同作者的见解，要有自己的想法，要用批判的眼光去阅读。同时要记住，可能在有很多人持和你相似看法的同时，又会有很多人持和你截然相反的观点。这些都是很正常的，因为每个人都有自己的观点。听听别人的观点也许会对你有所启发。

那年方舟收到的是一部新出版的哲学书，书的内容围绕互联网和新媒体展开，陈述作者对这些新技术会如何影响人们未来生活的哲学思考，并将他的思考和古希腊哲学思想相连接。因为涉及的都是新技术、新问题，很多观点具有临时性，值得进一步推敲，容易引起争论。这也正是校长选择该书的原因。

由此可以看出，普林斯顿不仅希望每一位同学都热爱读书，更希望他们带着批判的眼光去读书、去思考和感受时代的脉搏，寻求社会未来的发展方向。尚未踏进学校的校门，已先领略到学校的风采。

如果说读书是对心智的滋补，登山野营就是对肉体的锤炼。

方舟踏进普林斯顿后的第一件事就是和十来位新生一起去二百公里以外的宾州登山野营。这是学校规定的新生活动之一。

登山野营是美国人比较喜爱的活动，能锻炼人在野外独立求生存的能力，是西方文化的一个重要成分。哈佛新生也有类似的活动，只是由于新冠疫情，2021年的登山野营改在网上进行，让方帆觉得异常有趣，同时她又断然决定不参加。

总而言之，名校不需要读死书，或死读书的书呆子式人物，他们鼓励同学们在智能和体力方面得到全面发展。毕竟没有强健的身体，终会一事无成。

专业与选课

每位学生的选课都有相关老师指导，同时学校还强烈建议第一学期只修四门课，原因是入读学生都是学霸，高中期间至少都是同时修六七门课，怕大家高估自己的能力。

普林斯顿的课程不仅难度高、内容多，而且进度极快。例如方舟第一学期选修的数学课，其使用的教材居然同另一所普通大学数学系的研究生教材一模一样。等到期末考试时，方舟只得了B+。在方舟入读普林斯顿那天的家长会上，学校给父母的忠告是不要询问孩子的考试成绩。原因是许多同学从小学到高中一贯拿A，可到了普林斯顿就不一样了，毕竟教授不能给每个人都得A。

不过方舟的学习成绩仍然十分优秀。

方舟的专业是"运筹学与金融工程"。这是一个横跨多学科的新型综合性专业，兼顾文理、商管与机器学习等多方面，符合方舟知识面和兴趣广泛的个性特长。方舟又在专业之外修了计算机科学、金融学、统计学与机器学习三个副科。

另外普林斯顿还允许学生最多可以提前一年毕业。要想提前毕业需要先得到学校的许可，然后再对课程选择做出相应的调整。为了提前毕业，学生必须要在高中期间修过若干AP课程，并获得4或5分的成绩。方舟高中的AP课程特别多。如果读文科，她轻松符合提前一年毕业的条件。不过她的专业属于理工科，她高中的一门AP物理学课获得5分，但普林斯顿却不认同该课程本身，所以这个AP不算数，她因而就差了一门AP科学课，只满足提前半年毕业的条件。

正如高三时方舟不愿意提前考大学一样，她也不想从普林斯顿提前毕业。在那里待满四年，会比提前毕业学到更多的知识。很多人使尽九牛二虎之力也未能进入普林斯顿，自己进来了，为什么要提前离开呢？无论如何，高中学的那些AP课程是不会白费了。一方面知识已经进入自己的脑海，另一方面凭借这些AP课程，方舟可以选修难度更高的课程。

按照自然体系培育出来的孩子，后劲无穷，越战越勇。进入普林斯顿这样的名校，方舟仍然是步履轻盈，没有力不从心的感觉。

参加学术会议

刚到普林斯顿不久，方舟就参加了在普林斯顿大学举行的"未来发展动态"学术会议。与会者都是各大学教授和他们带领的研究团队成员，都是从事相关课题研究的研究生和博士后。由于普林斯顿是会议的主办者，允许本校少量的本科生参加。方舟参加会议的申请有幸获得批准。

当时方舟非常激动，她满怀激情地说："这是我们的未来！"

本科生参加高水平学术会议是很罕见的。即使在普林斯顿这样的名校，允许的名额也很有限，要想获得批准，必须提交一篇作文，说明自己想参加这个会议的原因。只有对未来充满希望，并在不断积极思考的同学，才能写出有说服力的文章，获得参加会议的资格。

参加学生社团的领导工作

到普林斯顿后，方舟迅速加入了几个学生社团。大二时方舟就开始担任普林斯顿大学的中国学生协会主席，大三时又增加了两个学生社团的主席职务。此外她还积极参加另一个咨询社团的活动，为一些公司提供咨询服务，便于公司在普林斯顿招聘员工。大三时，她有三个朋友也在纽约市区找到了暑期见习工作，于是四人决定见习期间合租一个公寓，方舟就自然成为寻找公寓的领头人。育儿要以孩子的终身成就为目标，方舟高中阶段获得的领导才能不只是她进入名校的敲门砖，更是她奔向光辉未来的铺路石。

大三的第一学期，方舟开始选修五门课。由于同时担任三个学生社团的主席职务，开学后招募社团新成员的工作特别繁忙，以至于方舟没有足够的时间同时修五门课，而不得不退掉一门"英文创造性写作"课。

方舟不仅学习刻苦，社交活动频繁，还善于和朋友们一起尽情享受生活。一有机会就和同学朋友结伴出游，或去纽约，或去沙滩，或去音乐会、舞会，或看电影、球赛，或下餐馆，如此等等。

不能过分强调学习、学习、再学习，享受生活也不是浪费时间。其实，生活如果失去了乐趣，就没有什么意义了。方舟喜欢学习是因为知识给她带来欢乐，是因为她的心灵从小就被知识的光芒照亮。欢乐与幸福才是生活的真谛，每个人的所有活动都应该以欢乐与幸福为中心和目标。欢乐与幸福也是按自然体系育儿的一项重要内容。

第三部

波澜壮阔，惊心动魄
育儿自然体系应用于小女儿方帆的成长历程

方帆简介：排行老二，性格倔犟，总有居中的尴尬，会在有意无意中同姐姐弟弟相比较。阅读面广，思维独特，思考深刻，长于写作和艺术创作。养育策略多次被迫改变，成长过程跌宕起伏，让人费解，是一个让父母比较头疼的顽皮孩子。

导读：大女儿方舟的培育过程可谓一帆风顺，水到渠成。由于方帆的性格特征和学习方式与方舟截然不同，当我们用同样的方法去培育方帆时，就遇到了很多困难。方帆性格文静，却凡事有自己的主张，做事执着，从不轻易改变自己的看法。方帆是我们育儿过程中遇到的最大困难和挑战。

十一、幼年成长与独特个性

　　我们起初对方帆的养育就是照搬对方舟的养法，这是很多父母都会采用的策略。但是这样是行不通的，我们慢慢地就认识到方帆不是方舟，采用同样的方法不行，必须按照自然体系，摸索出一套适合于方帆个性特征的养育方法。

　　方帆的出生给我们的生活带来了很多变化，主要表现在从此以后，两个孩子之间的互相影响成了我们生活的重要内容。

　　有一次，我和方舟费了半个多小时才用乐高积木搭成一个漂亮的高塔，方舟正满心欢喜地欣赏，结果方帆从一边爬过来，顺手将高塔击个粉碎，然后毫不在乎地继续往前爬！方舟却一下子哭了，而且还哭得很伤心。

　　有时两姐妹会在一起玩得很开心，看见她们无忧无虑、充满幸福的小模样，父母的喜悦心情难以言表。有时她们又会为争抢玩具而互不相让，让我去思考怎样化解她们的纠纷，让她们和睦相处。**其实，最有效的方法就是和她们一起玩，拿来新玩具，兴高采烈地引导她们开始一个新的游戏，无须给她们讲道理，或指出谁对谁错。**

　　同时养育两个孩子，负担有所增加，但育儿的欢乐更是成倍增长。以前父母两人围着一个孩子转，生活的节奏和套路比较简单。二宝的出现，让一切变得更热闹，生活更加充满活力、乐趣倍增，常常会有四人的欢声笑语从玩具房传到厨房，又回荡于卧室。

这里涉及一个育儿的态度问题。如果你认为育儿是一种负担，那么养育两个孩子就比养育一个孩子更加困难；如果你认为育儿是一种欢乐，那么两个孩子就会给你带来更多的欢乐。前者是一种消极的观点，后者是一种积极的人生。**面对生活的所有问题，我们都应持积极的态度，让生活变得轻松容易。**

学会翻身

方帆第一次学会翻身是在她快9个月的时候。那天下午，阳光明媚，柔和的光线透过窗户照射到客厅的地毯上，一切都是那样恬静。方帆怡然自得地躺在地毯上，左手拿一块乐高积木，右手拿一块乐高积木，不时互相敲打，玩得非常开心。敲着敲着，她就会从左边翻到右边，一会儿又会从右边翻回到左边。我边为她录像，边和她说话。我的话她能听懂多少，我不知道。但从她的面部表情可以清楚地看出她非常高兴和得意，她清楚地知道会翻身是一个巨大的进步，能给自己带来活动的自由。其实，在过去的许多日子里，她就在不停地尝试翻身，但始终没有成功。今天终于能比较自如地翻来翻去，心里一定充满喜悦。

方帆会翻身了，我也十分高兴。她当时欢快喜悦的面部表情、不急不慢敲打乐高积木的动作、自如翻滚的情景给我留下了终生难忘的记忆。多年后我还经常和方帆提起这事，也曾多次反复观看当时的视频。**怀着喜悦的心情去养育孩子，你就会感受到无限的喜悦。**这和方舟突然背诵"小鸭子嘎嘎叫"的情形又有所不同。方舟的情况来得突然，亦很快消失。方帆则是优哉游哉，不急不慢，持续较长的时间，我能从容为她录像，尽情享受当时的欢乐。

孩子的健康成长带来父母的无限喜悦，形成育儿的良性循环。与此相反，怀着"育儿是一种负担"的态度去育儿，就容易形成恶性循环，父母沮丧，孩子痛苦。一般而言，幸福健康的孩子也是聪明能干的孩子；体弱多病、长期在痛苦中挣扎的孩子往往面临发展迟缓和心理扭曲等问题。

育儿的一个目标是让孩子天生的才能得到充分的发挥。仅是让孩子幸福健康成长这一项，就已经在很大程度上实现了这一目标。再加上早期及时的智力开发，并随时观察孩子的兴趣特长，因材施教，育儿的成功就有了基本的保证。与此相反，如果对孩子照料不周，致使孩子经常生病，或过早过多地逼迫孩子从事各种正规学习，压制他们追求快乐的天性，剥夺他们成长的幸福，使得孩子忧愁满面，这样的育儿就难以成功，孩子的天赋也难以得到充分的发挥。

婴幼儿时期的动画片

各个国家都有好看的婴幼儿电视动画节目。父母要尽量有选择性地和孩子们一起观看，帮助他们了解动画片的内容和意义。让孩子自己看，父母省心，孩子却难以看懂，教育意义也会大打折扣。而且父母和他们一起看，孩子也会更有兴致，同时还能增进父母和孩子之间的感情。

我们的三个孩子都观看过许多不同的幼儿动画节目，却各有自己最喜爱的节目。

幼年的方舟最喜欢"乔乔马戏团"音乐喜剧系列。六岁的小女孩乔乔是一个马戏团的小演员，她有一个宠物狮子。乔乔和她的宠物狮子都在一个马戏学校学习马戏表演，学习中会遇到各种各样的困难。每节开始时，乔乔的宠物狮子都躲藏起来，于是乔乔就四处寻找，然后乔乔就面临着一个新的难题。接下来的内容就是乔乔如何最终解决她面临的那个难题。快结束时，一个画外音就问，"乔乔，你今天学到了什么？"方舟希望每天都能学到新知识，所以喜欢这个系列剧。后来方舟又喜欢"探险家朵拉"。今日回想起来，觉得方舟这些幼年的兴趣其实和她勤于学习、办事稳重踏实的性格很一致。

幼年的方帆则最喜欢"神奇的宠物"。该系列剧围绕三个放在教室的宠物展开，一只叫"宁宁"的豚鼠，一只叫"特科"的乌龟，和一只叫"明明"的小鸭。每节开始时都能听见孩子们放学时和宠物们说"再见"的画外音。然后空寂的教室里就响起了电话铃声，原来某处的某个动物出了问题，需要营救！于是三只宠物就赶紧穿上自己独特的服装，唱着歌儿，坐上飞船，几经周折来到出事地点展开营救。最初的努力往往归于失败，于是小鸭明明就会唱道："这个问题很严重啊！"然后他们就找到了解决方法，让受陷的动物安全脱险。这个系列剧的故事情节比较惊险，而且动物住在野外，有各种自然风光和动物不同栖息环境的画面，这是方帆喜欢这个系列剧的重要原因。长大后的方帆富于想象，热爱野外和动物，高中期间又选修AP生物学和AP环境科学，这和她早年的兴趣完全吻合。

随着孩子年龄的增长，他们观看的节目内容越加复杂和多样化。看电视动画片可以启迪孩子的思维，增加他们的知识，是孩子成长的重要环节，属于自然育儿法的基本内容，主要目的是让孩子欢乐健康全面成长。但总体而言，看电视又属于被动性思维，因为孩子的思维只能跟着故事情节的发展变化而发展变化。所以应该限制孩子看电视的时间，鼓励他们多从事玩玩具和做游戏等主动性思维的活动。因为在这些活动中，孩子掌握着事件发展的方向，其影响是优于看电视的。

性格倔犟，不要强扭

　　方帆性格倔强，三岁左右就展现出不听话的势头。有一次，不知为了什么事，无论怎么劝她都不听。我当时十分意外，"这么点小孩就开始不听话了？"我在心里对自己说。事实正是如此。此后她倔强的性格越来越明显，有时也真让人生气。几岁的孩子，知识阅历都很有限，行为思想又十分错误，却坚决不听父母的劝告，要一意孤行。

　　刚上幼儿园不久，在学校一年一度的视力测验中，方帆被查出有一只眼睛视力很低，需要佩戴眼镜。我们精心为她挑选了一副幼儿眼镜，可等眼镜配好后，她却死活不戴。我们去的那所私立学校非常负责，为了帮助她接受眼镜，教她的两位老师都戴着眼镜来上课（她们以前都戴隐形眼镜），并想方设法变着花样地告诉方帆戴上眼镜显得美丽又聪明。我们在家也不断劝告，并给她借来一本封面为一只戴着眼镜的小猫咪的幼儿故事书，可她仍然不戴。一两个月后，我们就放弃了。

　　一般说来，如果孩子从小就不听话，说明孩子具有独特的性格特征。按照自然法则育儿，要以孩子为中心。那些从小就不听话的孩子往往有他们独特的成长历程，父母要给她们机会，让她们沿着自己的轨道逐渐长大。如果孩子小时听话，长大后就不听话了，可能说明育儿过程中父母犯了许多错误，孩子多次失望后就慢慢失去对父母的信任，也可能是孩子在交友方面出了问题，受到朋友的不良影响。

强烈反对学中文

作为中国人，我们都希望孩子能掌握中文，了解中国文化。我们附近也有中国人发起主办的周末中文学校。方舟五岁方帆三岁时我们就送她俩一起去过中文学校。大约两三年后，方帆的中文进步缓慢，方舟起初还行，后来慢慢也很吃力。我们觉得中文学校的教学方法有问题，就不再送她们去了，夫人有中文硕士学位，认为在家教她们会更有效。

可惜随着孩子英文水平的提高，她们对中文的兴趣逐渐减弱。方舟还有学习中文的兴趣，方帆却不愿意再学了。后来的方达对中文也不感兴趣。鉴于这种情况，我们曾规定周一至周五可以讲英文，但周末的两天每个人必须讲中文。结果方帆首先反对，说听不懂中文。当我们也说听不懂英文时她就哭闹，知道她性格倔犟，我们就放弃了。

很多中国朋友都把父母接过来帮助照顾孩子。由于爷爷奶奶真的不会英文，孩子没有选择，就自然而然地跟他们学中文。这样家庭的孩子通常中文听说水平很高，虽然读写能力仍然欠佳。我们由于双方父母都已年迈，不能过来帮忙，孩子也没有这么一个学习中文的机会。

方帆强烈反对学中文显示了她独特的性格。她敢于提出自己的见解，而且还会坚持自己的主张。考上哈佛后，出于了解东方文化的需要，方帆又重新开始花大力气学习中文。方舟后来也在普林斯顿学了一年半的中文，方达最近也表示今后要学中文。

如果当初三个孩子都打下坚实的中文基础，现在再进一步提高就会容易得多。看来这是一个失误。我们的失误在于未能激发起孩子对学习中文的强烈热情，没有让他们感受到学习中文的乐趣。如果重来，这些就是我们需要改进的地方。

但这样的失误不会真正影响到孩子们一生的成就。一个人一生的成长过程必然是坎坷曲折的，出现这样那样的错误和反复其实很正常。育儿不要太功利，更不能奢望一切都十全十美，不出任何差错。育儿要以孩子为中心，因材施教，因势利导，不要强求。即使出现不顺心的事情，或出现失误，也要正确对待，处之泰然，没有必要为一时的得失而焦虑不安。

如何做到不伤害孩子

一般而言，任何时候都不能把孩子弄得不高兴，甚至痛哭。比如，孩子要做什么，父母不许，导致孩子不高兴甚至痛哭，或孩子不想做什么，父母却逼迫他去做，导致孩子不高兴甚至痛哭，两种情况都是父母伤害孩子的表现。正因为如此，当方帆强烈时，我们就会让步了。

有的父母会说，这样什么都由着他们，不就是溺爱孩子吗？教育孩子的目的就是要不断纠正他们的错误行为和思想，把他们引上正道，培养成一个对社会有用的人才。这些我完全赞同。只是在这样做的时候，我们不能伤害孩子，因为伤害孩子会造成更严重的后果，适得其反。现实情况往往是，在这个完全出于好心好意的教育过程中，父母却在不知不觉之中对孩子造成巨大的伤害。

这是育儿过程中一个比较棘手的问题。孩子年幼无知，阅历有限，却有自己独特的见解，包括那些错误的见解。如果再加上性格倔犟，就会给育儿带来很大的困难。方帆就是这样一个孩子，她是我们育儿过程中遇到的最大困难和挑战。

　　上高中时，姐姐已经在校学生会任第一副主席，能自己开车上学，参加学生会的各项活动就不需要我们接送了。有鉴于此，我们就鼓励方帆也参加学生会的工作，但她却要执意加入学校的后台服务队，理由是她喜欢摆弄音响灯光等设备，还想学习相关知识。后台服务队的任务就是每当学校礼堂有音乐、舞蹈、戏剧等表演时，在活动开始前负责布置舞台、安装检测音响灯光等设备，活动期间负责各种设备正常运作，活动结束后负责撤卸。工作很辛苦，有时活动很晚才结束，要半夜甚至凌晨才回到家。正因为如此，服务队的服务是有报酬的，每小时大约9美金。

　　高一的学生还没有到开车的年龄，参加这样的活动需要家长接送，我们不支持。但最终还是没有拗过她，让她去了。慢慢地，她在那里站稳了脚跟，还说明年能升任领导职位。这个我们支持，因为担任领导职务对今后的大学申请会有帮助。谁知到了第二年，她又改变主意，决定退出后台服务队，再也不去了。我们又不同意，觉得她会因此而丢掉一个领导职位的机会，而且做事情也不应该轻易半途而废。无奈方帆性格倔犟，劝来劝去也不听，我们就尊重她的意见由她去了。

　　性格倔犟的孩子，行事方法往往与众不同，常常独辟蹊径，几经周折，付出更多；性格随和的孩子就能随时汲取前人的经验，避免走弯路。但是，育儿要以孩子为中心，允许孩子沿着自己的轨道逐步成长，哪怕是绕弯路。

居中孩子的烦恼

　　如果只有一个孩子，就难免出现独生子娇生惯养的种种弊病；如果有两个孩子，就有老大和老小的问题；如果有三个孩子，就有老大、老小和居中孩子的问题；如果有四个或更多孩子，问题会更复杂。无论如何，按自然法则育儿，一切问题都会迎刃而解。

我们有三个孩子，方帆居中。我们原本没有"居中孩子的烦恼"这个概念，只是方帆一再提醒，才慢慢意识到这个问题的确存在，可见育儿也是父母学习提高的机会。出于省事的心理，我们早期经常把方舟和方帆同等对待。方舟第一次学钢琴时，我们让方帆同学；大约同年，我们送方舟去中文学校学中文，也一样带上方帆，让她和姐姐一起开始学。这样一来，方帆也自然把自己放在与姐姐同等的地位。由于自己小两岁，干什么事都会落于姐姐之后，难免会有受挫的沮丧。

多次挫折后，方帆逐渐认识到自己劣势的原因，转而寄希望于胜过年幼的弟弟。谁知方达又有自己的优势，让她觉得整个世界都在和她对着干！渐渐地她就认定父母偏心于姐姐，也偏心于弟弟，唯独冷落她。这样的心态，自然会给我们的育儿带来困难。

从养育方帆的经历，我们深刻地认识到，如果有几个孩子，父母一定不能偏心，尤其不能当着孩子们的面，夸赞一个孩子的优点而指责另一个孩子的弱点。这样做就会博得一个孩子的欢喜，伤害另一个孩子的心灵。正确的处理方法有二。一是只谈孩子的优点，不谈孩子的缺点。每个孩子都有自己的优点，指出他们的优点，他们都会很高兴。在孩子眼中，父母是权威，得到父母的肯定会给孩子带来巨大的欢喜。父母要多夸孩子，让孩子高兴，高兴的孩子干什么事都会兴致勃勃、信心百倍。与此相反，沮丧的孩子就会兴趣索然，缺乏自信，干啥啥不行。二是要经常告诉孩子们，每个人都是不一样的。不要拿自己的长处去比别人的短处，觉得别人不如自己；也不要拿自己的短处去比别人的长处，觉得自己不如别人。最好的办法就是不要和别人比较，而要和自己的过去比较，看看自己是否在不断进步。只要自己不断进步，日久天长，什么目标都会达到，什么理想都会实现。与此相反，如果自己不进步，就必然一事无成。

方帆申请大学时，总觉得自己在各方面都不如姐姐，对申请顶级名校缺乏信心。每回她缺乏信心，我就告诉她，姐姐是方舟，你是方帆，姐姐找到了冲开普林斯顿大门的诀窍，你要试图发掘出自己的潜能，走上自己的成功之路。

十二、读书兴趣的培养

从小培养孩子的读书习惯，然后再扩大孩子的阅读范围，对孩子的成长非常重要。这涉及家庭培育、学校资源、公共资源及个人兴趣等多个方面。三个孩子中以方帆读书最多，兴趣最广，所以我把这项内容放在方帆的成长故事中。

家庭培育

父母从3~5个月起就应该给孩子讲故事，要使用图书或图片，边讲边指着图画。这不仅训练婴儿的听力，同时也训练婴儿的视力，是培养孩子读书习惯的开始。刚开始时应使用对比度高的醒目卡片。我们教方舟时使用的是一套关于动物生活的系列卡片，后来教方帆和方达时又增添了新卡片和新内容。

孩子年幼，需要反反复复给孩子讲故事，并要时常"考察孩子的学习进度"，问孩子哪张图片是这个故事，哪张是那个故事。这样做会帮助孩子集中注意力，实现讲与听的联结与沟通。动物生活卡中有一张是长颈鹿在吃树叶，我就问孩子哪个是"长颈鹿吃树叶的卡片"？接着就把卡片一张张给她看，问她是不是这个。等到正确的卡片出现时，她就会发出特别的声音（幼小的婴儿还不会说话）并伴随手指的动作。如果所有卡片都看完了，孩子还是没有找到正确的卡片，我就会告诉她正确的答案，然后再给她讲这个故事。重复几次，孩子就会认识所有的卡片。

同样的方法也可以用来教孩子识别其他相关物品，如玩具、衣服、鞋帽、奶瓶、尿布等，并经常测试宝宝的认知水平，如问哪个是小狗，哪个是小鸭子，尿布在哪儿，如何喝奶。如果孩子不会，就马上再教。需要注意的是，所有这些活动都是和孩子一起玩乐的活动，不是一本正经地教孩子学习。整个过程中，父母要像孩子一样欢天喜地，为认识新事物、取得新知识而激动。在一定程度上，可以说这是重温自己婴儿时期的欢乐，可以说是人生一大乐事。

孩子最喜欢模仿父母。我兴趣广泛，手不释卷，几乎天天都在看书，两个女儿很早就养成了爱读书的好习惯。

学校资源

方舟的幼儿园每周都有一次图书馆课，这种从小开始的图书馆教育，使得孩子长大后，个个都对图书馆非常熟悉，往往也因此而热爱读书。

出版行业也非常配合，出版了很多适合小朋友的简易读本，并配备相应的计算机系统对小读者的阅读能力进行测试，名曰"加速阅读者"。孩子读完一本书后，就可以登录学校的计算机系统，输入书的号码，然后回答电脑对该书内容的提问。方帆所在的学校特别鼓励孩子参加这项活动，她也觉得活动很有意思，积极参与，受益匪浅。

学校还组织了读书会。参加读书会，孩子除了阅读自己喜欢的书籍，还要阅读指定的图书，每隔一段时间就要和其他学校的读书会进行比赛。届时，主持人提出与书内容相关的问题，参赛的同学就马上抢答。要想在比赛中获胜，不仅读书要多，而且还要真正读懂。这项活动不劳民伤财，孩子开心快乐，家长也不会疲惫。

个人兴趣

在简易图画书籍阶段，还难以区分孩子的不同兴趣，到章回读物时孩子的不同爱好就开始崭露头角。方舟兴趣广泛，老师推荐的书籍她都读得津津有味。方帆则更专注也更挑剔，喜欢的书籍她读得如痴如醉，不喜欢的就干脆不读。展示了两人不同的性格特征。方舟方帆都喜欢一套关于宠物狗的系列丛书。方舟读完后增加了许多宠物狗的知识，方帆读完后，则非要让我们给她买来宠物狗。我们怎么劝都没有用。当时我们正在准备搬家，于是答应她等搬到新家安定后再买，她才勉强同意。方达则喜欢车船飞机大炮一类的读物，以玩乐为主，读书不如两位姐姐那样着迷。

由于方帆读书特别专注，对书中的故事情节和人物刻画也思考较多。为了真正了解书中的某些细节，她又不厌其烦地查阅不认识的生字，并一一抄写到笔记本上，进一步学习、记忆。初中毕业时她的英文词汇量就开始超越方舟。这不是一件简单的事情，方舟干什么事情都非常用功，她的英文词汇量也很大，不是轻而易举就能被超越的。

到初中时，方帆对荷马史诗和莎士比亚的悲剧等产生浓厚兴趣，并花了大量时间自己学习、研究。当我向她推荐我书架上的勃朗宁姐妹小说全集时，她翻一翻后就不感兴趣了。这些都反映出方帆愿意独立和自由探索的阅读方式，以及不受大人控制的阅读节奏。

从阅读到写作

　　方帆从小就有一种与众不同的想象力。在她刚三岁多时，我曾要她和方舟分别讲一个他们最喜欢的故事。方舟的故事是阳光、沙滩、彩虹、鲜花，充满喜悦和欢乐，与她自己的生活和在学校的绘画内容密切相关。方帆的故事却让我吃惊。她说她看见一个像大象一样的大怪物，一路奔跑，一直跑进一个大森林，森林中有好多野花野草，然后跑着跑着就不见了。小时候她们都看过很多幼儿图画书籍，其中自然有大象怪物森林之类的内容，这可能是她故事情节的来源。由此我推测，方帆自小就喜欢将各种素材整合起来形成一个新的故事。

　　俗话说，读书破万卷，下笔如有神。方帆对读书的浓厚兴趣和她超常的想象力渐渐地激发了她的写作热情。大约从三四年级起她就开始写小说，到七八年级时已经完成了四部小说。八年级时我们曾鼓励她联系出版商，寻求出版机会，但没有成功。这期间，我多次提出要读她的小说，以期帮助修改提高。但方帆性格倔犟，一直不许，所以我们也不知道小说的具体内容，只知道其中一部是关于一个小女孩患了不治之症的故事。

　　无论她的小说内容和写作质量如何，能写出四部小说本身就说明了方帆丰富的想象力和构思技巧，我们因此向她表示了肯定和认可。

　　上图书馆课老师讲完故事后的第一个问题就是问孩子们最喜欢故事的哪个情节，为什么？在家陪孩子看书或电视片时，我们也会问类似的问题，并找出其中机智幽默、巧妙神奇的情节和他们沟通，不仅帮助他们从更深层来理解故事的内容，更重要的是启发他们的好奇心和想象力。久而久之，孩子就养成了喜欢看书和独立思考的习惯，然后他们就会到图书馆找自己喜欢的书籍，自然对读书和写作产生兴趣。

自然体系育儿无须父母过多介入。父母的主要任务是提供基本条件，鼓励孩子自由探索，随时启发他们的好奇心和求知欲，保持孩子健康欢乐，培养他们对未来的期盼和想象。就读书而言，就是要经常带他们去图书馆。如果你告诉孩子周六我们要去图书馆，孩子就会想，"啊，我还有两本书没看完，怎么办？"孩子可能抓紧再看看这两本书，然后归还；也可能决定续借，然后慢慢看；还可能觉得这两本书不好看，直接归还。三种选择都是正确的。无论孩子作出哪种选择，最重要的是孩子在思考，一个善于思考的孩子就是一个聪明的孩子。孩子的思考细节父母无须介入，也无须知道。孩子独立管理自己的生活，父母不就轻松了吗？

如果孩子拖拖拉拉，兴趣索然，你就可以问孩子，之前借的那些书都看得怎么样了？如果孩子说大部分都没有看，你就提出上述三种选择，问孩子每本书哪种选择最合适？然后再兴致勃勃地告诉孩子，借书之前要先下功夫了解书的内容，只借那些自己最喜欢的书，读起来不仅增长知识，更是趣味无穷！如果可能，就告诉孩子自己的读书心得，怎么挑选图书，哪些书让你激动，你学到了什么？

或者也可以问孩子："我们什么时候去图书馆合适，是这个周末还是下个周末？"这样也能促进孩子去关注自己读书的事情。久而久之，读书就成了孩子生活中一件时时需要关注的大事。这种环境中长大的孩子，自然喜欢读书。

扩大阅读范围

方帆自幼酷爱小说与写作，十来岁时就写出了二百多页的小说，词汇量大，经常用一些谁都不认识的生僻词汇。但是，在初二小SAT考试时，英文部分考分却很低，这对她的刺激很大。我借机告诉她："你应该扩大阅读范围。"SAT的英文部分涉及不同风格和体裁的阅读材料，仅擅长文学是不够的。

方帆是一个很有主见的孩子，不是你告诉她什么她都会听的。和她谈话，时机场景很重要。我当时也不知道她是否会听我的劝告。一两个月后，她告诉我她不再读小说了，而是对非小说类书籍产生了浓厚兴趣。此后，她的阅读范围不断扩展，从生活细节、风土人情、地理文化、历史知识方面的书籍逐渐发展到心理学和高深的哲学名著。

发现她喜欢读书，我就经常和她交流读书心得，告诉她我都读过哪些好书，并把我的书拿出来给她看。后来她就自己去翻我的书架，找她喜欢的书。有一次，她告诉我她没有在我的书架上找到我以前给她讲过的一本书。我说，我一直酷爱读书，很多读过的书都不是我自己的，所以不在我书架上。

孩子读书的黄金时间在初中。小学阶段，孩子刚刚开始阅读章回书籍，词汇量和理解能力都很有限，不可能进行大规模的深度阅读。初中阶段，孩子已经打下相当的基础，阅读兴趣也大大提高，正是广泛阅读和深度阅读的好时机。高中后，功课紧张，活动增多，用于课外阅读的时间必然减少。

我们的三个孩子都是初中阶段读书最多，高中阶段明显减少，孩子兴趣不同，所读的书目也很不一样。父母应该根据孩子的兴趣进行引导，不要强求。容易犯的错误是强迫孩子去读父母老师认为是好的书籍，比如中外文学名著，其实并不是所有孩子都喜欢文学名著。

英文水平的提高

方帆英文水平的提高主要来源于她广泛的阅读和想象力，她会巧妙借鉴各类书籍的构思和写作手法，为我所用。方帆的写作独具风格。

方达英文水平的提高则是一个在父母指导下、经过自己长期努力而最终实现"理性突破"的过程，详见后文描述的甩掉"英文不好"这个坏标签。

方舟的情况又有所不同，她的英文水平主要得力于学校的教育。早在二年级时，她就写出了一篇让人震惊的关于"万圣节"活动的文章。经询问才知道，原来老师在布置写作任务时，就告诉同学们整篇文章应该如何开头、结束及中间应写什么内容等。换一句话说，方舟的作文使用的是老师的构思，她主要是填入了一些具体内容而已。不过，她后来又在没有老师指导的情况下独立写出了一篇关于到"角上公园"玩的感人文章。慢慢地，方舟就掌握了英文写作的技巧，英文水平急追直上。

三个孩子由于性格特征和学习方法的不同，其学习掌握英文的途径也很不一样。按自然法则育儿，父母要仔细观察孩子的特长，需要帮助时就帮助，不需要帮助时就让孩子自由发展。

十三、素质培养与点滴教育

　　素质培养属于自然育儿法则中"让孩子自由自在全面成长"的内容。一方面，在保证学习成绩不受影响的情况下，要鼓励孩子尽量多参加课外活动；另一方面，如果课外活动影响到孩子的学习，例如让孩子感到过度劳累、力不从心，要及时删减调整，帮助孩子恢复精力。

常规素质培养与父母的接送任务

　　从幼儿时期的游泳、芭蕾、中国舞蹈、花样滑冰，到后来的足球、篮球、排球、网球、羽毛球、乒乓球、自行车，以及歌唱和钢琴、长笛、小提琴、和萨克斯管等，凡是有条件开展的课外活动，我都让他们尝试。除了芭蕾、中国舞蹈、花样滑冰、和钢琴请专业老师短暂指导，其余活动都是我们自己和孩子们一起学习、嬉戏、玩耍。

　　有些父母无论孩子学什么都请专业人士指导，其实完全没有必要。孩子尝试的活动很多，不可能有那么多时间，那么强烈的兴趣，以及足够的天赋成为众多项目的专业人才，绝大部分情况下不过是玩一玩，增加生活的乐趣，学会一些基本技能而已。

　　我们的三个孩子，方舟以领导才能、社区服务、钢琴和长笛见长，方帆专注于钢琴、哲学、艺术和文学创作，方达则喜欢钢琴、奥数、视频和电子游戏制作等。孩子们的这些课堂之外才能，有些是基于学校的活动，有些得力于父母的指导，有些是出于孩子自身的兴趣和努力。

素质培养非常重要，父母应该基于孩子的兴趣特长和家庭实际情况，充分利用学校资源和公共资源，先让孩子接触大量的课外活动，然后量体裁衣，重点培养。在做决定时还应该考虑孩子的时间和精力投入，给父母的工作和生活带来的影响等。有些活动，当初觉得不错就参加了，后来发现效果不好，就应该及时改正。育儿要有平常心，一切顺其自然，合理安排，量力而行，不和邻居朋友攀比。即使出现挫折和失误，也要处之泰然。

素质培养往往需要父母接送。安排好接送任务，保证父母的生活正常运行是成功育儿的重要因素。接送任务超过父母的负荷，就会破坏父母生存的自然环境，违反育儿的自然法则。我们养育三个孩子，接送任务多不胜数，幼儿园、小学、初中、高中，从不间断，比如方帆高一时要加入学校的后台服务队，增加我们半夜接她回家的任务，就让我们十分为难。

"超级" 素质培养

一种让人难以置信、也是最神奇的素质培养，亦即这里所谓的"超级"素质培养，却简单到不可思议！那就是允许孩子去做自己真心喜欢的事情，育儿以孩子为中心。

方帆要编导制作《星球大战》续集时得到我们的全力支持。结果这项活动不仅大大提高了她的构思和写作水平，而且还让她学会如何统筹管理一个大项目，从服装和道具的设计和制作到故事片段的拍摄、剪辑、配乐，以及广告的设计和制作等。

初二时，方帆首次和她的好友韩德林以讽刺的口吻谈论哲学的荒唐及其故弄玄虚。万万没有想到的是她却从那时起慢慢迷上了哲学。后来她就向我询问有关哲学的问题。我向她推荐了伯特兰·罗素所著的《西方哲学史》，因为这也是我当年的哲学入门书。

还有一个更重要的例子是初中毕业后方帆执意要放弃音乐而转修艺术，虽然开始遭到我们的反对，最后还是得偿所愿，毕业时荣获了学校艺术系最佳学生的称号。艺术给方帆的生活增添了许多乐趣，也成为她学习和生活的一个重要内容。我们全家送方舟去普林斯顿读书，途经纽约时全家都兴致勃勃地去参观自由女神等名胜，唯有方帆单独行动，把我们在纽约停留的两天时间全部用于参观纽约市艺术博物馆。

高四申请大学时，方帆将艺术和她自学的某些哲学内容及她曾读过的一部小说巧妙地联系起来，写出了那篇叩开哈佛大门的深度长文。

这样的素质培养可以说是得来全不费功夫。没有父母在金钱和精力方面的大量投入，甚至连接送任务都没有，只需对孩子的请求表示支持，再加上一些三言两语的简单交谈和鼓励。

家务与日常小技能

做家务能培养孩子的责任心和良好的生活态度，促进孩子独立管理自己的事务，避免成为四体不勤五谷不分的书呆子式人物。

就实际情况而言，我们养育三个孩子，家务较多，也需要孩子们帮忙。从七八岁起，他们就开始干各种家务，购物回家后帮助把物品搬进家里并归置到冰箱里，每餐饭后孩子轮流收拾桌子，把用过的碗筷简单清洗后放到洗碗机里，把洗干净的碗筷从洗碗机里拿出来，每逢洗衣服时，把自己的脏衣服拿到洗衣房，洗好后再把衣服折叠整齐放好等。还有春夏时节帮助照顾院子里的花木，秋冬之际帮助收理院子里树叶，下大雪后帮助铲雪等。方达是男孩，经常帮助干院子里的杂活，从14岁起就开始用割草机帮助割草，方帆觉得有意思，也要和弟弟一起玩割草，方舟则毫无兴趣。

方舟曾在初中时修过一门烹调课，会自己烤制西式糕点；尽管她对烹调没有什么真正兴趣，每年圣诞仍然兴致勃勃地为全家烤制圣诞糕点。与此相反，方帆却自然而然地喜欢烹调，时常向妈妈学习求教。除了经常帮助妈妈包饺子、蒸包子，有时还会在周末早早起床，主动给全家做煎鸡蛋饼早餐。此外，方帆还喜欢缝纫和做小手工等。

简单的生活经验看似稀松平常，其实很重要，因为都是生活必不可少的内容。生活除去平淡就全部是神奇和精彩吗？正好相反，生活都是一些平淡无奇的小事和细节构成的。如果将来孩子在生活中遇到什么困难，他们就会基于这些简单经验自然而然地形成一种坚韧不拔的精神，会自己想办法克服困难，解决问题。因为他们一直都在过着一种真实的生活。

不应帮孩子把所有的事情都做了，让他们坐享其成，也不应该刻意为了培养孩子而设计挫折和苦难。**孩子们在其成长过程中会自然经历磨难，克服困难，变得坚强，没有必要挖空心思设计出这个模式、那个模式，把简单问题复杂化、神秘化、玄虚化，让育儿变得耗资耗时，充满焦虑和不安。刻意的矫揉造作必然违反自然法则，事倍功半，得不偿失，还可能把孩子弄糊涂，甚至伤害他们的情感，适得其反。**

点滴教育

有一段时间，我曾要求孩子们每天晚饭前，先搜索网络或查阅书籍，然后给家人讲一条百科知识。由于这个要求与生活脱节，孩子感到茫然，无所适从，不久就放弃了。点滴教育要和孩子的生活自然密切联系才会更有效。应该根据孩子的特点或生活学习中出现的某个契机，及时教给孩子相关有趣知识，扩大他们的视野，启发他们的思维。

方帆的学习方法与众不同，会经常一个人站着或坐着发呆。让我想起在英国时看到的一则名言："Sometimes I just sit, sometimes I sit and think。"意思是说有时我只是坐着，有时我貌似坐着，其实在思考。这则名言翻译成中文后显得比较平淡，但其含义却很深刻。我给方帆讲这则名言，她觉得很有意思，并表示非常赞同。方帆原本就是个勤于思考的孩子，有名言的提点，更时刻被激励着去主动思考。作为父母，应该时常仔细观察孩子的学习方式与风格，及时找到合适的方法来激励他们。

每逢总统大选我就给孩子们讲美国前总统的奇闻趣事。每逢圣诞就给孩子讲中国的春节和中秋节。每逢奥运会，就和孩子们一起观看跳水、体操、乒乓球、羽毛球等比赛项目，让他们了解中国人的体育强项和文化特色。

和孩子们一起看《星球大战》时就趁机给他们传授外空探索的知识。轮到闰年时，二月就有29天，这时就给孩子们讲闰年和闰秒的道理。

方舟有一次提到她在普林斯顿的中文老师曾教他们一个很酷的谚语，我就趁机给孩子们讲中国文化强调读书求学的特点，源于孔子的儒家思想，并引申到科举制度。

　　我不干涉孩子的正常学习，告诉他们要把自己的事情管理好，有什么问题需要帮助就来找爸爸。当他们有问题来问我时，必然怀着良好的求知心态，我就趁机提高他们对同类问题认识，甚至会顺便讲解一下整门课程的特点。按自然体系育儿，要抓住契机，不是整天围着孩子转，把自己搞得精疲力竭、焦虑丛生。

　　我自己喜欢思考，有适合孩子的心得体会，会很乐于与他们分享。我指导孩子，并不在乎问题的枝节或某些小技巧，重点在启发孩子的好奇心，让他们觉得什么问题都很有意思，都有其自身的微妙之处，找到问题的奥秘，正确求解问题，能给人带来快乐。这样在他们遇到难题时，他们就会想，这个问题很有意思，但它的微妙之处在哪儿？他们就会满怀信心，期盼着找到问题答案后会给自己带来的快乐。

十四、音乐艺术文学与梦想

按照养育方舟的模式，基于我们已有的家庭条件，方帆先学钢琴，然后学小提琴，再参加数学竞赛。但是，我慢慢地就发现她对音乐和数学并没有浓厚的兴趣，虽然也多次下过工夫，有些收获，总是内驱力不足。与此同时，她对文学和艺术却充满激情。

这让我意识到真正的内驱力必须以孩子的梦想为基础。如果孩子自己不喜欢，父母的督促和帮助往往带来暂时的成功，不仅难以持久，还可能掩盖和偏废孩子的真实兴趣。

学习钢琴

方舟第一次学钢琴时，我们也带着方帆一起去。当时方帆还差一个多月才四岁。上了第一节课后，老师说她年龄太小，应该等大一些后再学。以后姐姐上钢琴课时，我们就不再带她去了。

后来我又想三个孩子应该学三种不同的乐器，不要都学钢琴。想来想去，决定让方帆学小提琴。在方舟上钢琴课的隔壁有一个男孩每周都来学小提琴。于是我问他妈妈，孩子要多大年龄开始学小提琴比较合适？她说八岁。于是我心里就有了等方帆八岁时开始学小提琴的打算。可等到方帆六岁半时，我就等不及了。心想，与其让她一直等着，不如先教她学钢琴，免得时间都浪费了。就这样，方帆从六岁半开始学钢琴，之后学小提琴的事就搁置了起来。

那时我教方舟钢琴大约有两年了，可谓"经验丰富，得心应手"，教方帆学钢琴毫不费力。她已经六岁半了，学习起来也是进展神速，很快就达到了三级水平。那时他们还在私立学校上学，方帆就经常在音乐课上表演自己新学的钢琴曲目。有时出于表现自己钢琴才能的欲望，她会愈加刻苦练习。

几个月之后，方达开始学钢琴，他的惊人速度给我们带来惊喜，受到全家的称赞。方帆的感受又有些与众不同，她担心说不定哪天方达会赶上并超过她，那样就太丢人了。渐渐地她对方达学钢琴形成了一种戒备心理。只要方达跳过一首曲子，她就要到我这儿提意见，说那首曲子还不过关，不能学下一首，那样对她不公平，如此等等。我却觉得方达学钢琴应该因材施教，有些曲子太难，或不适合他的性情，就应该跳过不学，免得浪费时间，消磨他的信心，所以有时我会故意让方达跳过一些曲子。这样一来，方帆愈加不高兴。尽管当方帆最终完成全套教材，得到六级水平时，方达仍然没有赶上她，这种忐忑不安的心情却一直伴随着方帆的钢琴学习，成为她"居中孩子苦闷"的一项重要内容。

方帆喜欢贝多芬的月光奏鸣曲，在这首曲子上下了很多功夫。这首著名的古典乐曲，有比较固定的弹奏处理方法。但方帆却别出心裁，自创了一套新的演奏方式，并以该曲参加学区一年一度的音乐艺术竞赛。出人意料的是，轮到她表演时我们才发现，学校提供的那台柱式钢琴很陈旧，居然没有放乐谱的地方。之前方舟也曾参加过同样的竞赛，那时学校提供的是三足钢琴，表演也是在另一个更宽敞明亮的房间。这回却换了一个房间，钢琴也不一样。

月光奏鸣曲乐曲不是很长，五页多一点。最重要的是排练准备期间，方帆一直是照谱弹奏，没有在记谱上下过功夫。于是方帆只好临时试图靠记谱来演奏，加上她对音乐的处理又与众不同，表现大失水准，最终得到一个银牌。结束后，方帆很生气，愤然将银牌甩到草地里，我帮她捡回来，她又再次把它甩出去之后，我就不再去捡了。

然后，我们就默默开车回家，此间我没有对她进行任何说理或训斥。情况特殊，孩子感到委屈，又处于青春期，这种情况下最自然合理的父母表现就是安慰孩子和保持沉默。我把扔掉的银牌捡回来时已经安慰过她了，她情绪激动，怒气冲冲，过多的安慰会引起她进一步的反感。时间是治疗心理病痛与精神沮丧的良药，予以时日，绝大多数人都会从挫折与无奈中走出来。

之前方舟曾多次参加这样的竞赛，无论是钢琴独奏、长笛独奏、长笛二重奏，每回都是金牌。这可能是方帆厌恨银牌的重要原因。如果之前每次都是银牌、铜牌，方帆就会欣然接受她的银牌了。**成长环境对孩子的影响是任何时候都无法消除的。**

学区这样的竞赛其实没有什么级别，主要目的是为学习乐器的同学们加油鼓劲，提高他们对音乐的理解水平。每回表演结束后，作为裁判的老师都会对演奏进行全面评价，指出需要改进的地方。

从此以后，方帆就对音乐渐渐失去了兴趣，到高中时就彻底放弃，改学绘画了。与此同时，方达的钢琴水平却不断提高，有时他的演奏会激发起方帆强烈的音乐热情，以至于随曲翩翩起舞，欢呼雀跃，甚至也会即兴重温月光奏鸣曲和另外几首她喜爱的乐曲。随着年龄的增长，方帆对月光奏鸣曲的理解越来越精深，表现也越来越感人。

学习小提琴

　　方帆四年级时转到了公立学校，她除了英文和数学得到更好的指导，音乐方面也有了更多机会。公立学校人多，可以组成人数众多的弦乐队和管乐队。乐队需要一定数目的不同乐器才能混合形成美妙的音乐，人数太少是不行的。私立学校人少，需要多所学校联合才能组成一支乐队，这样的混合乐队仅有一位指导老师，对于孩子的学习和排练都不够理想。

　　到了公立学校才发现，学校从三年级就开始有弦乐队了。方帆学小提琴，归属于弦乐队，已经比别的孩子晚了一年。她因此被指派到三年级的弦乐队，好像降了一级似的，让方帆心里很不高兴。为此我赶紧买来小提琴的书籍，充分利用圣诞寒假，帮助方帆加强练习。每回练习，我都陪着她，作一些简单评论和指导。经过半年多的努力，她终于赶了上来，第二年就回到五年级的弦乐队，暂时松了一口气。

　　六年级时，按照方舟的模式，方帆准备考学校的弦乐队。弦乐队的队员绝大部分是七八年级的孩子，六年级的学生几乎没有。虽然方帆在练琴上下了很大功夫，还是没有考上，让她很气馁。相比之下，姐姐当年顺利考入学校同等水平的管乐队，无形中给方帆带来一种压力。为此，我反复告诉她没关系，你比别的孩子晚一年学琴，继续努力，明年一定可以考上。方舟的情况正好相反，她在私校三年级时开始学长笛，公立学校的管乐队却从四年级才开始，方舟比其他同学要早一年。

　　七年级我催着方帆练琴准备考校乐队时，她却说不想考了，她性格倔强，催也没有用。最后还是由着她，没有报考。八年级时，她的小提琴水平已经属于上等水平，老师找她谈话，让她报考，暗示她一定会考上，但她仍然拒绝加入校乐队，而选择继续停留在班级的普通乐队。

刚上初一时，方帆就和韩德林趣味相投，两人立即成为好朋友，初中毕业后，方帆和韩德林分别去了两所不同的高中。我告诉方帆应该多结交那些和她去同一所高中的同学，但她没有听我的劝告，自始至终只和韩德林关系近，和其他同学比较疏远。

校弦乐队的老师是一个单身汉，传闻他没有自己的住所，还住在父母的地下室。方帆这样说，我们也不知是真是假。方帆是听韩德林说的，又不知韩德林是从哪儿得来的信息。学生这样在背后传递老师的坏消息，自然是对老师不满。这可能是方帆不愿意参加校乐队的重要原因。由此可见，孩子交友很重要，这个年龄的孩子，来自朋友的影响往往会胜过父母的说教。

美术天赋

三个孩子上小学时都在私立学校学过绘画，具有一定的基础知识和技能。后来方舟和方达都不再表现出强烈兴趣，唯有方帆念念不忘，常常从书本上复印或网上打印一些自己喜欢的人物肖像或美丽风景，然后就照着临摹素描，并常常把她的作品给我看。观察孩子的兴趣发展和转移就要从这些地方着眼。可惜我当时也没有这么仔细。后来看见她对艺术那么着迷，才慢慢有了更清楚的认识。

方帆在钢琴和小提琴方面都遇到了一些麻烦，对她来说是一段段不愉快的经历，高中时就决意要放弃音乐而改学艺术。她的这个打算刚开始时还遭到了我的反对。当时我还不理解，她音乐学了多年，底子厚，加上家庭浓厚的音乐气氛，只要稍加努力就会很容易达到上乘水平。无奈她就是不肯努力，反而总是抱着一种厌烦情绪。

其实方帆决意放弃音乐的根本原因不是她在音乐方面遇到了挫折，而是多年内心深处对艺术的真诚向往。我当时也没有认清这一点，只是本着"以孩子为中心"的自然法则允许她改学艺术。其实她自己也没有明确的概念，只是内心有一种强烈的冲动而已。孩子的成长就是这样，尤其是青春期的孩子，他们并不真正懂得自己，只是内心充满激情。这是孩子寻求自我、在试错中成长的正常表现。

得到父母的允许，方帆非常高兴，上艺术课也很认真，对艺术充满激情。很快就创作了七八幅高质量的油画，并准备投稿地方专业艺术家协会一年一度的艺术作品展销会。她和我反复商量斟酌，选出了四幅参选作品，结果两幅入选。后来才知道，每位艺术家通常只能有两幅作品入选。展销会开幕式上，方帆有机会结识其他参展的艺术家，和他们交流创作经验和心得。其他艺术家都是三五十岁的成人，方帆当时才十五岁。

初次的成功，让方帆信心倍增。方舟曾以优异的成绩获总统学者（普通类）候选人提名，有鉴于此，方帆告诉我，她要更加努力，争取能像姐姐那样，以艺术类获得总统学者提名。当时我也对她寄予厚望。

时间一天天过去了。方帆对艺术一直很专注投入。有一次一只鸟飞撞在我们家的玻璃窗上，掉到地上后就死去了。方帆出去一看，马上回屋，拿起画笔和画薄，出门蹲在地上两个多小时，为死去的鸟画画。妈妈为了做干茄子，把茄子切成长条，白天拿到后院晒太阳，傍晚收回到洗衣房。方帆就蹲在洗衣房两个多小时为晒得半干的茄子作画，画得困了累了，超过了自己平时的就寝时间也不在乎。艺术的美丽遍布生活和自然的每一个角落，只有艺术家的眼睛才能识别，只有艺术家的心灵才能感受，只有艺术家的画笔才能再现。从撞死的鸟和晒得半干的茄子那里，方帆捕捉到了神奇的美丽。正如她在申请哈佛的文书中所写的那样，"艺术的美丽，一旦触动心灵，你就再也无法让它溜走。"

高三时方帆到就近一家叫作"涂上颜色就是我的"的手工艺术品商店打工。商店陈列未上色的陶瓷半成品，顾客先选好自己喜好的物品，用店里提供的彩笔绘上图案，店里提供设备煅烧成最终的产品。方帆常常在店里指点和帮助顾客。后来又应顾客的要求，方帆开始收费为顾客们传授绘画技巧，俨然一位绘画老师。

我们家附近有一条大河，河的两岸风景秀丽，绿树成荫。为了捕捉自然的美丽，方帆还多次和她的另一位朋友一起沿河步行数公里，观看沿途美景。有时他们会在某一风景处刻意向河里投掷小石块，激起层层浪花，试图以此来调节和改变风景的特色，并用相机拍下来，如果方帆发现照片美丽，她就会用画笔让美丽重现。

芝加哥的艺术学院非常著名，藏有许多世界级的著名作品，毕加索的弹吉他的老人和红色扶手椅，梵高的卧室，莫奈的悬崖行、麦垛、沙滩，来到诺曼底、艺术家的小屋、苹果葡萄与生活、和滑铁卢大桥等等。方帆曾多次一人坐火车去专程参观。

2019年方舟入读普林斯顿时，我们全家开车为她送行，一直送到普林斯顿，并沿途游玩纽约市区等旅游胜地。方帆却另有打算，她要一个人把我们在纽约停留的两天时间全部用于参观美国最大的纽约市艺术博物馆。走马观花一天都难以看完，若要细细品味，几个月也看不完。方帆参观艺术馆，要体会和模仿作品的创作手法。两天时间根本不够用，只能选择少数精品玩味。正是在此期间，方帆领略到了哈德逊河畔艺术学派的宗旨和实践方法，及其他一些著名作品的妙处。回来后她的绘画水平有了明显提高，还多次告诉我她如何试图模仿那些打动她心灵的创作技巧。

转眼到了高三，方帆学习非常刻苦，已经陆陆续续完成了十多幅看上去很好的作品，受到授课老师的大加赞赏。令人遗憾的是她投递的众多参赛作品却没有获得什么大奖。这个结果让我和方帆都非常失望。

尽管如此，方帆仍然不放弃，继续苦练。

艺术作品和数理化不一样。同一幅作品，不同的专家有不同的评价，其真实的价值其实难以界定。正因为如此，许多著名的艺术家生前穷困潦倒。艺术创作是心灵对美的感知和享受，不是生财之道。

编导制作《星球大战》续集

我经常和孩子们一起看电视。著名影片《音乐之声》，每年圣诞节之前电视台都要播放，我就和孩子们每年都看，因为陪伴孩子的欢乐永远不会太多。孩子们喜欢影片中音乐和游玩营造的快乐氛围。每回他们都欢天喜地，我也乐在其中。我们家每年的圣诞音乐会就是模仿影片中家庭音乐会那一幕。

除《音乐之声》外，《星球大战》系列也深受孩子们喜欢。尤其是方帆，每逢电视播放《星球大战》，她就张罗着全家一起看，而且每回她都看得如痴如醉，浮想联翩。星球大战自然涉及宇宙场景、外星生命，使用的交通工具、作战武器、生活方式都与日常生活大不相同。这些都能激发方帆丰富的想象力，增加她对科幻故事的浓厚兴趣，契合了她三岁时构想怪物故事，及后来写作多部奇幻小说的性格特征。

《星球大战》不断出新片，电视频道又不断播放新片和旧片，我们才有机会观看这些影片，引起方帆的喜爱。如果只有上映于二十世纪八十年代的原始三部曲，年幼的方帆就不会有机会接触到这些内容。这正反映出自然育儿的威力。那就是让孩子在自然而然的环境中自由成长，让一切都自然而然地发生发展，父母不必挖空心思为孩子制造一个看上去优越的人工环境，那样做不仅耗时耗资，效果也难以保证。

为了写续集，方帆花了一番心思。故事写好后，为了演出需要，她又自制一些服饰和道具，并选择和装扮演出场景，在我们家的室内室外、前院后院，和方舟、方达一道演出、录像。最后再由她剪辑配音配乐制成了一段55分钟的故事。甚至在她制作的影片中还约有10分钟的广告内容。也就是说，方帆不仅创作了续集的故事，而且也创作了许多内容简短而风趣的广告。

这段经历锻炼了方帆的创作能力，提高了她的构思、设计、组织、导演水平。长期以来，方舟一直是三个孩子中的领袖人物，但有关《星球大战》续集的所有事务都是在方帆的策划和领导下进行的。

永不停息的逐梦历程

方帆大约从三四年级起就一个人偷偷开始写小说，到七八年级时已经完成四部小说，八年级时曾联系出版商，寻求出版机会，但没有成功。然而，申请大学时，她的芝加哥大学主文书就是一篇小说。我以为她已经慢慢淡忘，谁知她到哈佛后还在抽时间继续写。

内驱力就是孩子追逐梦想的强烈愿望，是来自孩子心灵的力量。孩子梦想的种子则来自早期的智力开发及通过欢乐陪伴而实现的寓教于乐和心灵启迪。不认清这一点，父母按照自己的愿望去培养孩子的内驱力，基本上不会成功。例如，如果我们刻意培养方舟方达写小说的内驱力，就很有可能以失败告终。

十五、在反抗中生存，在挫折中前进

方帆的反抗不是针对父母、学校或社会，而是她内心寻求真实自我的表现。她性格倔犟，不愿意接受他人的意见，必然导致她的成长道路蜿蜒曲折，充满挫折。

学习拿 A 的艰苦历程

美国的小学基本上就是玩和乐，虽然也有一些考试，成绩实际没有什么用处。在私立学校时，每学期学校还给家长邮寄一个学生表现的报告卡，标明孩子在哪些方面达到了要求，哪些方面还存在不足，没有各科考试成绩。到公立学校后，连报告卡也没有了。有关孩子考试成绩的问题，我们几乎一无所知！不过每个学生都有一个文件夹，记录着孩子在学校的表现，做过什么项目、课堂考试和做家庭作业等。通常我就在寒假期间翻阅一下孩子的文件夹，大致了解一下情况，感觉我们的家教做得好，没有什么可以担忧的。

方舟大概在四年级就掌握了正确的学习方法，不用为她的学习担心。用同样的方法来指导方帆的学习，效果却有所不同。小学升初中时，我就担心方帆的数学功底不过硬，时常叮嘱她要在数学上多下点功夫，结果她轻松应考，倒也痛快。

从初中起开始有正式考试，成绩亦用字母按级别记录在学校的网页，家长可以随时查看。方舟初中期间的学习轻松容易，三年只有一个B，其余全部为A。我们自然而然地对方帆抱着同样的期望，但她却常常面临着拿不到A的巨大压力，最终一共拿了六个B，我们多少有些失望。

初一时她去学校的数学俱乐部，代表学校参加数学竞赛。第一次竞赛，15道题做对了8道，是校队的最高分。按理这是个好成绩，可她此后就退出了数学俱乐部，再也不参加数学竞赛了。她说她不喜欢数学！她执意不去，我也没有强迫。

初二时的一天下午，方帆放学回家，我一开门，她就眼泪汪汪地对我说，"我今天数学考了个C+！"我马上告诉她，"没关系，数学很简单，爸爸可以帮助你！"稳定她的情绪，同时也坚定她的信心。

在美国上学，拿一个A不难，要每门功课都拿A也很不容易，主要是考试系统不一样。美国的考试则点点滴滴都算数，一时考得好不意味着就能拿A，一时考得不好也还可以补救。关键要能持之以恒，胜不骄败不馁，长期保持优秀水平。孩子年龄小，要掌握这个技巧还不那么容易。往往是前期考得好，认为没有问题，结果出了一个大差错就前功尽弃；或者是前期考得不好，觉得后期还可以赶上去，结果赶来赶去最后还是功亏一篑！初中三年，方帆就是在这样的跌宕起伏中慢慢成长。

刚上高中时方帆还很紧张，生怕自己又会拿一个B。另一方面，美国高中生早上6点15左右就要起床，比初中时要早一个小时，睡眠和作息规律都需要做大的调整，很多新生都有一个适应期，方帆也不例外。高一的第一个月方帆显得非常劳累，也明显消瘦了，可喜的是慢慢地她就适应了，身体也随之强壮起来。更为重要的是经过初中三年的磨炼，方帆终于掌握了拿A的技巧，高中四年各科成绩全部为A，为今后的大学申请奠定了基础。

　　小学的学习内容难度不大，如果出现什么问题，父母辅导辅导是容易解决的，学习成绩也不重要；初中则是孩子逐步掌握正确学习方法的试错阶段。我们的三个孩子，拿Ａ对方舟而言轻而易举，对方帆而言则比较困难，后来方达的情况又与方帆相似，可喜的是到高中时，方达也掌握了拿Ａ的技巧。

　　如果为了孩子"赢在起点"，从小学甚至幼儿园起就逼迫孩子努力学习，出于幼升小，小升初，初升高的需要，又把孩子各个阶段的考试成绩都看得十分重要。这一系列的操作完全违反了育儿的自然法则，孩子从小被家长老师牵着鼻子走，失去了成长的欢乐，缺乏学习的自主性，无法获得独立管理自己事务的能力。这样培养出来的孩子，"成功"的情况下就是一部做题机器，考试成绩优异，进入著名大学，但后劲不足，面对未来困难重重；"失败"的情况下就是孩子一路备受煎熬，身心受到摧残，对生活和未来失去信心。

　　父母应该退出没有意义的攀比和竞争，尤其在幼小衔接时，让孩子在自然和宽松的环境下发展，并获得生活、科学、社会方面的常识，实现初步素质培养。再以平常心面对小升初，着重培养孩子掌握正确的学习方法，全面独立管理自己的事务，增强学习的自主性和创造性。有了这些前期准备，初中后期孩子就可能脱颖而出，考入较好的高中。之后孩子已掌握正确的学习方法，能独立管理自己的事务，父母的育儿变得简单容易，孩子的学习得心应手，高考成绩优异，大学期间后劲无穷。

　　通常而言，在十岁自律后的小学后期和初中前期的试错成长过程中，孩子的学习会出现不稳定，可能因此而未能考入最好的初中，父母不必为此而焦虑。初中的学习内容仍然很简单，只要孩子努力，到哪所初中都能学会。

总之，现在的社会，受教育的机会更加丰富，形式多样，除了传统的升学，还可以根据孩子和家庭的实际情况，考虑留学、职业教育等等，每个孩子都可以活出自己的精彩。

青春期的孩子不要惹

青春期的孩子性格比较古怪，容易发火，不听劝告，一意孤行，但不意味着先前那个好孩子突然之间变成了一个坏孩子。社会常以叛逆来形容他们，其实是不准确的。孩子并没有从主观方面有意识地叛逆父母或社会，只是其生理变化致使他们在不知不觉中改变了行为，不是孩子主观意识的改变。

青春期是从小孩到成人过程中一个不可或缺的过渡时期，所谓青春期问题根本就不是孩子想要这样，或不想要这样，而是像春天百花开、冬天雪花飘那样的自然而然、顺理成章，也像幼儿到一岁左右就要迫不及待地学步一样，谁要想拦也是拦不住的。只要早期工作做得好，孩子幼年欢乐成长，亲情牢固，孩子就会顺利度过青春期，不会出什么大问题。

父母的应对方法也是顺其自然。孩子不高兴时，或者不想谈论某一话题时，就不要勉强，以免激怒孩子，造成不必要的感情伤害。等他们愿意谈时再谈。这样做，你很快就会发现，你原来的那个孩子其实一点都没有改变，他不过是在探索并试图理解社会与生活中的各种问题，步履艰难地在通往成人的路上前进而已。

儿童时期的孩子凡事容易听从父母，缺乏独立性和自我意识。现在他们心灵觉醒，开始独立思考，同学朋友之间互相广泛交流，试图对那些从前没有在意过的种种问题质疑。他们开始怀疑以前的认知，质疑自己和他人的行为，以及周围发生的一切。尽管有疑问，有思索，却往往没有明确的答案。

　　和所有其他时期一样，青春期的孩子同样需要得到父母的帮助，只是孩子需要帮助的问题有时会比较微妙，谈话方式也要比较含蓄委婉，以能引导孩子去进一步自己探索为要。一般而言，父母应该持比较开明的态度，有广阔的胸怀，允许孩子去大胆探索，不要一看见孩子情绪低落就忧心忡忡，青春期的孩子就是会情绪跌宕起伏，一会儿忧伤，一会儿愤怒，一会儿又什么都烟消云散。

　　父母应该经常询问孩子需不需要帮忙，有没有什么事情想和爸妈谈一谈。如果孩子说不需要，就表明孩子还能自己担当，不用担心。当孩子觉得自己处理不好，或痛苦不堪时，自然会求助于父母。这时父母就要想方设法为孩子排忧解难，什么问题都先说没关系，慢慢来一切都会好起来，然后就要着手帮助孩子，不能说完没关系就撒手不管，也不能通过责备的方式来"帮助"孩子，那样会适得其反。青春期的孩子，如果需要帮助，往往其内心已有很多痛苦、迷茫和恐惧，需要父母的认同、鼓励和支持，讨厌父母的责备和怀疑。

　　从初中起方帆就显示出比较强烈的迷茫和焦虑，她的疑问和幻想很可能反映在她的小说之中，这可能是她不愿意我们阅读她小说的重要原因。初高中期间她多次坚持偏激的个人主张，不听我的劝告，让我们比较失望，实则是她对人生的自我探索和内心苦闷的排解。

　　父母常犯的错误就是和孩子较劲，就可能激怒孩子，使原本已困难的交流沟通变得不可能。青春期的孩子在独立思考生活的种种事由，有许多困惑，只会忧心忡忡，不会再像从前那样无忧无虑。他们凡事试图形成自己的主张，不再像从前那样对父母的教导深信不疑、百依百顺。这个思考过程有助于孩子获得独立管理自己事务的能力，有非常积极的作用。

青春期的孩子不要惹。明智的做法是尽量给他们充分的时间、关怀和体贴，让他们自己跌跌撞撞地走过这段艰难的成长历程。青春期的孩子不好调教，但也没有什么可怕的，青春期不过是孩子自然成长的一个特殊阶段而已，绝大部分情况下都不需要父母做出任何特殊的努力，孩子就可以自己走过去。

青春期的孩子不好调教，所以青春期前对孩子的基础教育要尽早完成。理想情况是等到青春期时孩子已经懂得自己的事情自己管，并已掌握正确的学习方法和有效时间管理等。这样青春期的烦恼就会只停留在孩子的精神生活之中，不会扩散并影响到孩子的学业。精神的迷茫与苦闷虽然会影响到孩子的举止言谈，但他们仍然不会轻易胡作非为，以致荒废自己的学业等。方帆就是一个好例子，苦闷良多，桀骜不驯，却仍然知道努力学习，成功实现高中四年各科成绩全部拿A。如果早期基础薄弱，孩子就可能出现更多的问题，所以自然体系要求父母未雨绸缪，做好准备。

最佳的策略是在青春期前的小学后期和初中前期就要练就孩子的基本本领，在学习方面全面掌握正确的学习方法，能有效地正确管理自己的时间，能分清问题的轻重缓急，如此等等。我们的三个孩子的成长经历就印证了这点。

甩钢琴竞赛银牌与自我管理意识

平心而论，方帆那天晚上在学区钢琴竞赛的演奏水平确实不高，裁判给她一个银牌是比较恰当的。唯一的遗憾是那架钢琴没有放乐谱的地方，致使方帆难以充分发挥自己的水平。几年后，方达参加同样的竞赛，使用的是同一台钢琴，也在同一间教室，有着同一个裁判。方达演奏的是莫扎特的"土耳其进行曲"全曲。虽然他平时练习也是照谱弹奏，那天晚上却奇迹般地背下了全谱，演奏水平很高，得到裁判的热情赞扬，轻易获得金牌。但不是每个孩子都能这样临场超常发挥。

生活有时就是不公平的。方帆年幼，对这些事情还不理解，也不愿意接受自己遭到的不公平待遇，她拒绝接受银牌并非毫无道理。她坚决的态度展示了她用高标准来要求自己及积极向上的精神风貌。这种情况下孩子无动于衷，反而是坏事，说明孩子什么都不在乎。什么都不在乎的孩子缺乏积极向上的内在动力，难以获得成功。成功不会自动掉到任何人的头上，而是来自长期的努力和追求。

获得银牌对方帆而言是一次挫折，经历一些挫折能起到锻炼毅力的正面作用。不过挫折太多，又可能压垮孩子，让他们丧失信心。**作为父母，不要孩子一受挫就马上全力解救，也不要在孩子反复受挫的情况仍然撒手不管。按自然法则育儿，凡事适可而止，不要走极端。**

初二时，方帆有一次数学考了个C+，那天一回家就哭了。没有父母的指责，自己就哭了，说明孩子在为自己负责。这正是我们从小教育孩子自己的事情自己管的良好结果。相反的情况就是孩子在学校表现不佳，不主动告诉父母，还要设法隐瞒。这样的孩子不愿意面对现实，不愿意为自己负责，是育儿的失败。

独特学习方式

如果说方舟的学习进程具有经典性和普遍性，方帆的学习进程则具有探索性和特殊性，展示了她独特的个性。希望读者能从这两种非常不同的学习方法中探索出适合自己孩子的学习方法。

在指导方帆学习方面，我基本上是套用方舟的方法，但不是时时刻刻都十分关注她的学习，只是时常提醒她自己的事情自己管，有问题就问，需要帮助就说，于是方帆就有高度的灵活性和自主性，可以按照自己的性格特点形成独特的学习方法。

从学前班起方帆就是"加速阅读者"中的活跃分子，每读完一本书，就通过学校的计算机系统来检查自己对书内容的理解水平，每回在学校正确回答全部问题，回家后都会兴高采烈地告诉我们。在读完宠物狗的系列丛书后，对宠物狗眷恋不已，非要让我们给她买一条宠物狗，反映出方帆对读书的强烈兴趣，她不是仅仅把书读完而已，还会如痴如醉地置身到书中的人物情节之中。

方帆十来岁时，《哈利·波特》一书十分流行。

我认为，未成年人对社会和未来充满迷惑，魔幻的世界能激发他们的思维，充实他们的想象。就激发想象、启发思维而言，对孩子的成长有正面作用，但就激发之方式和使用的具体内容而言，《哈利·波特》难免带来负面影响。

鉴于以上情况，我曾告诉方帆："你年龄太小，不要读这本书。"她虽然口头答应，却经受不住朋友的怂恿、内心的诱惑，还是读了。我发现后并没有强行阻止，而是睁一只眼，闭一只眼。当时美国青少年阅读《哈利·波特》的洪流势不可挡。我若强行管束，不仅不合时宜，也违反育儿自然法则让孩子在自然环境中自由成长的原则。《哈利·波特》是方帆生长环境中的一项重要内容，我不能也不应该把它从方帆的生活中彻底剔除。

方帆偷偷阅读《哈利·波特》，看到的是书中那些适合她口味的离奇、荒诞、魔法与幻想，对那些我担心的负面内容并不理解。正可谓仁者见仁，智者见智。一本书的内容很多，不同读者基于自己的阅历和知识水平所感受到的东西不一样。方帆考上大学后，我再次和她谈起《哈利·波特》，她才明白我的用心。

方帆早期对各类小说尤其着迷。后来在七年级的一次考试中，英文成绩很低。在我的劝说下开始扩大阅读范围，广泛涉猎其他各类书籍，认真阅读让她收获良多，为今后的写作打下了基础。

小学期间方帆问过我很多有意思的数学问题，我感觉她思维深刻缜密，学好数学不成问题。但是初中时她就对数学竞赛失去了兴趣，高中时又要选修难度较大的AP微积分——尽管刚开始时有些问题没有吃透，但经过点拨后就很快掌握了，AP考试也获得高分。她的考试成绩很好，数学却始终不在她的中心兴趣之列，所以她学习数学的过程让人费解。

选课方面，方帆也很有主见。高二时就要选修学校新开的AP"研究讨论课"，我说学校第一年开这门课，授课老师缺乏经验，可能会影响到你的AP成绩，她执意坚持，果然考了一个让她痛苦的3分。高三时又避开AP物理学而选修对数理基础要求不高的AP环境科学及其他课程。方舟选课时都要反复征求我们的意见，讨论策略，研究得失，再做决定。方帆选课，自己早早打定主意，不过是向我们通报一下而已。

孩子的性格不同，学习方法也不一样，自然育儿法则对所有孩子都适用。

性格倔犟，几经周折

初一时方帆按照姐姐的模式加入学校的数学竞赛队，第一次竞赛就取得了好成绩，结果她却决定不再参加数学竞赛！我当时觉得很奇怪，还劝她继续参赛。后来才慢慢弄明白。原来方帆的数学成绩一直很好，主要得力于有效的家庭教育，但数学始终不在她的中心兴趣之列。**没有孩子内在的强烈兴趣为基础，靠外部的推动而取得的成功难以持久。**

有很多父母，就是想通过外部的强烈推动来取得育儿的成功，为此不惜投入大量金钱和时间。殊不知，这样做就违反了以孩子为中心的自然法则，暂时获得的成功终将遭到孩子的唾弃。**孩子的真实兴趣父母已经难以察觉，外部推动带来的表面成功又会进一步掩盖孩子的真实兴趣，如此育儿，难以成功。**

初一时方帆努力练习小提琴，主要原因是要像姐姐那样考入校乐队，当时还难以确定那是否反映了她内心的真实兴趣。第二年我让她继续努力，再考校乐队，她干脆就不去考！初三时小提琴水平已经很高，老师都找她谈话，鼓励她考校乐队，她再次拒绝。方帆还在学区音乐艺术竞赛中获得令她屈辱的钢琴银牌。音乐学习遇到挫折，对艺术的向往却越加明确。初中毕业后就放弃音乐，改修艺术，展示方帆逐渐发现自己真实兴趣的成长历程。

刚上高中时，我们希望她和姐姐一起参加学生会的工作，她却不顾我们的反对加入了学校的后台服务队；第二年眼看有希望升任领导职位时，她又再次不顾我们的反对，退出了后台服务队！原来方帆最初对服务队的工作充满热情，一年后又认识到自己对这些工作已经失去了兴趣。归根结底，她也不过是在跟着自己的感觉走而已，并不真正知道自己究竟想要什么。**经过尝试而否定自己最初的选择，原本是一个正常的自我认识自我完善的成长过程，应该得到父母的理解，而不是非议。**

高二选课时，方帆要修 AP "研究讨论课"，由于是学校新开的课程，老师的教学水平和指导方法都可能存在不足之处，我劝她改选AP心理学。方舟曾修AP心理学，轻松拿下AP考试5分，也劝方帆选心理学。方帆却说，心理学的确简单，但我都自修完了，何必再学？一年后，在学校的AP模拟考试中，方帆轻易获得5分，是全班最优秀的学生，授课老师对方帆十分赞赏。参加全国AP考试时，方帆信心百倍，感觉良好，认为5分没有问题，七月初结果揭晓，却是3分！同年她还修AP西班牙语，获得4分，只有AP欧洲史获得5分。相比之下，方舟高二的三门AP（欧洲史、西班牙语、音乐理论）都是5分。

高三是申请大学之前的最后一年，高二已有一个3分，自己十分清楚，高三的五门AP课，无论如何不能再有3分。方帆自幼酷爱小说与写作，文学功底很厚。万万没有想到的是，以这样的文学背景，却在AP英语文学考试中得了3分！

究其原因，可能是方帆的学习注重自我提高，对老师的讲解不如方舟那样全神贯注。加上从不刷题，平时学习很用功，做过的考试题却很少。通常都是在临近考试的前两周左右才到公共图书馆借回AP考试的准备书籍，看完全书后就参加考试。方帆读书如痴如醉，善于领会其中的含义，却不在如何答题上下功夫。她读书的动力是获取知识，享受成长，不是考试。此外，像文学这样的课程，弹性较大，不像数理化那样比较固定、有套路，发挥不好，真可能导致考分大跌。不过方帆的广泛阅读终究会厚积薄发，AP考3分只是一个小的挫折，入读哈佛后，方帆的写作才能得到充分展现，她的作文经常得到教授的热情赞扬，而且这些才能还会继续让她受益终身。

由此可以看出为什么不要和别的孩子攀比，攀比会扭曲你的心态，带来不必要的烦恼。方舟是方帆的姐姐，即使我们没有任何攀比心态，她俩之间的比较也会不可避免地、自然而然地呈现在我们的眼前。正是这种比较给方帆带来巨大的压力，使她在申请名校时缺乏信心。

高三后期，方帆还和好朋友韩德林突发奇想，认定到学校学习是浪费时间，认为自己在家学习更有针对性、更有效，并因此决定高四要自己在家学习、不再去学校了！这个问题实在太严重，让我难以接受，所以我和她谈过多次。主要是告诉她，去学校会比在家自学更有效。

可惜方帆始终处于一个自我幻想的世界之中，无论怎么说，就是不听。所幸的是，方帆最终自己放弃了自己的主张，高四时继续到校学习。

方帆的成长历程充满曲折坎坷，有时也让我们生气。她始终坚持自己的主张，是因为她的主张来源于内心真实的兴趣，不是她要刻意做一个不听劝告的坏孩子；她的主张错误，是因为她的阅历和知识水平有限，不是因为她明知错误还继续坚持。她的性格特征和学习方法与方舟如此不同，给我们的育儿带来了很大的困难，在方舟那里顺理成章、行之有效的方法，到了她那儿就会引起轩然大波，有时也真让我们感到茫然。可喜的是，她还是跌跌撞撞地沿着自己的轨道走了过来。

养育方帆的曲折经历为养育方达扫清了障碍，让我们进一步认清了育儿自然体系的精神实质和奇功异效。

申请名校，缺乏信心

国内的高考制度与美国的大学申请很不一样，本节内容无法直接套用，但从和孩子沟通、帮助孩子克服困难及以孩子为中心的角度而言，仍有参考价值，是一个反映育儿自然体系精神实质的案例。

　　高四那年的九月份开始大学申请。方帆面临巨大压力，申请初期，多次抱怨AP考试成绩不够好，有两门3分，上不了顶级名校。每回我都告诉她，没关系，虽然有两个3分，却共有9门AP，其他都是4分或5分，总体而言还是很优秀的。其次，SAT成绩1570分，数学部分满分800，英文部分770，高中四年各科成绩全部为A。客观而论，方帆的学习成绩非常优秀，只是和方舟相比，才有一种黯然失色的感觉。这种由兄弟姐妹卓越表现造成的、不可避免的原生环境压力在方达身上就显得更加突出。

　　我和方帆之前曾对她的绘画作品获重大奖项寄予厚望，这一设想又完全落空。

　　然后她又说自己没有足够的领导才能，参加课外活动和社区服务的时间也不多。这又是和姐姐相比较而得出的悲观结论。三个领导职位已经不错，众多的课外活动和社区服务也不是入读名校的必备条件。

　　方帆所言均为事实，她的申请材料存在许多弱点和漏洞。如果当年方舟获得所有名校录取的话，我也会觉得方帆入读名校无望。正因为方舟没有获得哈佛等名校录取，才让我认识到名校在录取学生时，硬指标不是最关键的，至少不是他们关心的全部内容。他们更看重其他软指标，尤其是通过文书显示出来的个人品质、才华和素养。方舟依仗自己的各项硬指标，采用稳妥不冒险策略，文书写得比较保守，所以才误失哈佛等名校。

　　要想入读名校，方帆唯一的希望是文书。于是我多次和她交谈。一是说服她不要放弃入读名校的希望，二是说服她入读名校的关键在于文书。此后方帆开始在文书的内容、构思和写作手法方面大下苦功。

由于三番五次地反复交流才形成最终的申请策略，而且对文书的质量又提出了极高的要求，在早申截止日期来到时，方帆还没有准备好。

大家通常认为早申占一定的优势，各所名校的早申录取率无一例外地明显高于常规申请的录取率。但这是对录取率的表面化解读。早申名校的学生都十分优秀，认为自己具备入读名校的实力，希望早申能助一臂之力，获得成功。普通申请阶段的学生则有很多人抱着侥幸心理，明明不具备足够实力，仍然要冲一冲、试一试，其录取率低于早申请阶段就是合情合理的。

策略形成后，方帆非常努力，经常一两个小时靠着墙站着或趴在沙发上冥思苦想，写好的文书也一改再改。眼看申请季节就要结束了，方帆仍然对顶级名校缺乏足够的信心。两三次同我们商量，想要二次早期决定（ED2）芝加哥大学。ED2具有绑定效力，一旦录取，学生必须就读该校。正因为如此，ED2的学生也更容易获得录取。芝加哥大学是一所顶级名校，曾在美国大学排名中高居第三，教学科研实力雄厚，离我们家近，周末就可以回家，对方帆极具吸引力。

那时文书已全部完成，我感觉水平极高，认为完全有可能获得哈佛和普林斯顿录取。如果是那样，ED2芝加哥大学就会失去入读哈佛、普林斯顿的机会。与此同时，她申请芝加哥大学的文书又非常独特，我认为在没有ED2帮助的情况下，仍会获得芝加哥大学的青睐。

所幸的是方帆终于同意我的分析，放弃ED2芝加哥大学。后来果然先获得芝加哥大学录取，让方帆高兴万分。有了芝加哥大学垫底，她就什么忧虑都没有了。藤校放榜那天晚上，她又获哈佛、普林斯顿和康奈尔三所藤校录取。惊喜之余，第二天又传来斯坦福大学录取的好消息。频传的捷报证明了方帆知识面之广阔，学问之精深，文笔之流畅，也证明了文书在名校申请中的巨大作用。

方帆的成功展示了自然育儿法则的巨大威力。她多年来多次不听我们的劝告，一心按照自己的兴趣和爱好自由发展。我们虽然时常感到遗憾，还是每次都适可而止，由她自己做最后决定。方帆虽然没有时时按我们的愿望和想象去学习成长，却一直在自己喜欢的课题上刻苦努力，倾听自己的心声，追逐自己的梦想。

如果我们强行阻止，迫使她沿着我们的规划前行，后果必然不堪设想。不仅亲子关系会遭到严重破坏，还可能造成她心灵扭曲，失去生活的信心，甚至形成抑郁。希望方帆的成长故事和成功结局能帮助那些以自我为中心的父母们放弃错误做法，改用以孩子为中心的育儿自然法则，减轻育儿的焦虑和痛苦，培育出聪明出色的好儿女。

另一方面，高三时方帆受好友影响，决意高四在家自学，不再去学校。如果那时我轻易让步，她就完全有可能像好友那样高四在家自学，后果也不堪设想！我的强烈反对和多次耐心说服，促成她最终放弃自己的打算，选择了与好友不同的道路。由此可见，按照自然法则育儿不是一切由着孩子，对孩子的所有要求一概绿灯。要根据问题的严重程度，采取相应的策略，尽量和孩子全面沟通。轻微之事，就轻描淡写，严肃问题就要严肃对待，让孩子反复深层思考之后再做最后决定。

正如父母很爱孩子一样，孩子也非常热爱父母。耐心和他们理论，必然促进他们去认真思考，做出正确的最后决定。父母不能不顾孩子的反对，越俎代庖，直接为他们做出"正确决定"。事实上，没有得到孩子认同的决定都是错误决定。孩子不认同，就不会竭尽全力，密切配合，结果很可能是一败涂地。

十六、成功与成长

成功的喜悦与代价

获得多所名校录取给方帆和我们全家带来极大的喜悦。尽管我和夫人都认为哈佛是首选，方帆却更想去斯坦福。在参加哈佛校长主持的迎新与择校网上答疑会之后，她才慢慢放弃斯坦福而选择哈佛。

做什么事情都有代价，育儿也不例外。从父母角度而言，就是在时间和金钱方面的付出。父母的付出无私无限，只要是能做到的，就会去做，难以让人接受的是在育儿过程中犯下错误导致育儿失败和亲子关系破裂等严重后果。从孩子角度而言，就是成长的过程究竟给他们带来多少心灵的创伤。成长过程中必然会有狂风暴雨、电闪雷鸣。接受考验是成长的同义词，连小草野花都不例外。不同的是孩子在承受风吹雨打时的心情，他们是强忍着剧痛祈盼风停雨歇，还是满怀豪情迎接风暴的挑战？

方帆性格倔强，三番五次和我们扭来扭去，心灵难免受伤。当然啦，父母的心灵也会受伤。父母毕竟是成人，承受伤害的能力要强得多。孩子幼小的心灵天真纯洁，对父母的言行往往坚信不疑，更容易受到伤害。如果不及时弥补，就可能导致严重的后果。弥补的方法很简单，就是在孩子逐步长大的过程中，时常和孩子沟通，告诉孩子自己种种做法的原因和考量。如果发现有失误，要开诚布公，不能以"一切都是为你好"为由而拒绝承认自己的错误。

正如父母对孩子有无穷的爱一样，孩子对父母的爱也是无限的。无论父母当初在教育孩子方面做错了什么事情，成年后的孩子都会谅解。如果父母指出自己的错误，孩子也会检讨自己的行为。就算十数年的努力没有换来预想的成功，那些共同度过的日日夜夜最终应该是加强而不是削弱了孩子和父母之间的亲情，这份亲情应该一直延续我们的一生，不应该在育儿的过程中受损、断裂甚至消亡。

成功是有代价的。无论我们曾经付出多少，最后的成功都能完全补偿。只是那些同样付出，甚至付出更多的个人和家庭，最后还没有取得成功，他们更值得同情、关怀和鼓励。他们努力了、追求了、付出了，却默默无闻。生命的价值在于努力和追求，成功是额外的奖赏。一个从来没有追求和奋斗过的生命才是一个没有价值的生命。方帆付出了，毕竟考入哈佛。有很多孩子付出更多，却未能考入名校，甚至也未能进入普通高校。我要告诉所有的孩子和他们的父母，高中毕业是孩子人生征途的起点，不是终点，希望在未来，不在当下和过去，只要继续对未来充满希望和信心，成功的机会就还有很多很多；对自己的行为负责，尊重他人，热爱生活，就能活出最好的自己，实现生命的价值！

按照自然体系，育儿的目标是孩子的终身成就，不是赢在起点！

挫折与成长

孩子的成长过程就是一个不断受挫的过程。方舟艰难的钢琴起步，初学长笛时，一个多小时才吹出声，之后一个8度F高音又让她非常沮丧，落选初中排球队，高一竞选学生代表、高四竞选学生会主席失败等，都是方舟成长过程中受过的挫折。

受挫是孩子学习提高的机会，父母要在孩子受挫时予以关怀和帮助，帮助孩子正确认识问题的本质，进而能渡过难关。孩子不断解决问题、取得成功就会增强孩子对未来的信心，当他们今后遇到新困难时，他们就有信心和勇气去找到问题的答案，会展示出不屈不挠的顽强精神。

帮助孩子克服困难、渡过难关是育儿成功的关键。受挫时得不到帮助，孩子被迫接受一个又一个的失败，天生的好奇心和求知欲被逐渐消磨，自信心难以建立，长大后就是一个平庸的孩子。孩子受挫，从父母的角度而言，就是出现了育儿问题。正因为如此，本书注重于如何用自然法则来化解各种育儿问题，书中孩子受挫的内容因而比较多。由于受挫后带来的是成功，所以孩子成功的内容也很多。成功和挫折往往交错共存。

我们三个孩子突飞猛进的成长和成功，有可能让某些读者感到奇怪。其实没有什么可以奇怪的。按照自然体系育儿，从孩子出生的第一天开始，或越早越好，让孩子成日欢天喜地，对未来充满憧憬和期盼，遇到困难又都及时得到解决，把失败变成了学习成长的机会，这种情况下，孩子不聪明、不成功才会让我觉得奇怪！

拒绝参加高中毕业典礼

面临高中毕业，方舟当年表现出极大的热情，方帆却反应冷淡。方舟高中四年积极参与学校的各项活动，为学校和社区注入了许多情感。方帆则主要停留在自己的兴趣圈中，坚持长期自我耕耘。方帆看问题会刨根问底，用自己的知识去理解评判，不随大流，不人云亦云，常常持与众不同的观点。

临近毕业典礼，全家都跃跃欲试，谁知方帆却决定不要参加毕业典礼！理由是高中毕业没有什么值得庆贺的，举办这么隆重的典礼是走过场、浪费时间，属于华而不实的虚浮做法！加之又有疫情，不值得。

她的决定让我难以接受，这种做法既不符合美国文化，更与中国文化背道而驰。于是我又多次劝说，无奈她固执己见，只好作罢。

方帆没有参加毕业典礼，多少让我们觉得尴尬。任何学生考入哈佛，对学校而言都是一种骄傲。我们孩子就读的高中，十六七年前有一位女生考入哈佛，方帆是校史上第二名哈佛学生，之前方舟是学校走出的第一位普林斯顿学生。我们的孩子在学校表现如此出色，除了自己的努力外，学校老师也是功不可没。连毕业典礼都不参加，显得我们不领学校情似的。

其实像方帆考入哈佛这样的消息，绝大多数同学和家长都不知道。这方面的信息由学生自愿向学校提供，然后学校就把信息发布到网上；方帆没有向学校提供自己的信息。诸如此类的消息主要通过自己的朋友圈在小范围内传播。方帆不像方舟那样在学校名声显赫，没有多少人关注她最终入读何所大学。

方帆做出如此奇特决定的一个重要原因是她的成长环境，影响到她的思维方式。自然法则就这样在不知不觉中将环境因素、文化因素和孩子特征自然而然地纳入孩子的成长与养育之中。

方帆终于长大了

2020年秋开始大学申请以来，在策略规划和文书写作诸方面，她和我紧密配合，保持沟通，不再像过去那样各执己见，增进了父女之间的了解，密切了我们的感情。获得哈佛录取超出她最初的想象，与好友韩德林入读末流文理学院形成鲜明对比，让她震撼，放弃ED2芝加哥大学也是一个正确决策。这些经历让她认识到爸爸的某些见解原来还是有道理的。到哈佛后，她逐渐发现许多同学在家时都曾受到父母的严厉管束，很有感触，就特意打电话感谢我们对她的宽厚养育。

父母在孩子眼里就是父母，不是博士、科学家或社会名流。高知家庭的孩子会和普通家庭的孩子一样不听父母的劝告，青春期期间尤其如此。等能理解父母的社会地位时，孩子已经长大，育儿的工作也基本结束。

我以前对方帆也是有些避而远之的，觉得好像在慢慢失去这个女儿。现在她又回到了我的身边，和我非常亲近，给我一种失而复得的感觉。孩子进入青春期后就从心理和感情上"离开"父母去自己探索世界，等他们走出青春期的迷茫后又会重新"回到"父母的身边。离开之际他们还是一个小孩，回来时就变成了一个成人。育儿之悲剧在于孩子离开后就再也不回来了！

方帆终于长大了，因为她又回到了我的身边！

完全没有想到的是，方帆兴趣之广泛，求知欲之强烈，思维之精深，竟然和我一模一样。我们谈得非常投机。我说我曾写过一篇关于生命起源的高深文章，她马上就要让我给她看。

我说你要想学习东方的历史文化，最好的方法就是学习中国的历史文化，为此你必须精通中文。多少年来，她一直对中文毫无兴趣，我以为她会犹豫再三，没想到她马上答应，要立即开始，要学到母语的水平，要让我来教她。夫人和方舟知道这事儿后，都感到十分意外。

方帆学习中文非常认真，进度很快，两三天就完成了国内小学语文第一册的70%。几天后，意识到学中文需要相当长的时间，又迫不及待地要我用英文给她讲授中国历史。过去十多年来我一直潜心研究白寿彝主编的22卷巨著《中国通史》，从她记事起就经常看见我手捧此书，津津有味地翻阅。这部《中国通史》就是方帆学习中国历史的教材，基本上每两三天教她一个小时。无论是中文还是历史，方帆都学得津津有味。

一个以前什么话都不听的孩子，现在几乎是对我"言听计从"。但这不意味着她的独特思维和学习方法发生了变化，只是她的成长进入了一个新阶段，她已经长成一个可以在高水平和我对话沟通的大孩子了。这个从小顽皮捣蛋的二宝终于长大了，成为我又一个心爱的宝贝女儿！所以，如果你的孩子从小顽皮捣蛋，请你不要灰心丧气，多给孩子一点时间。

学习中文

二十年前方舟出生时，我们曾从国内带来很多中文材料，有不同版本的《儿歌三百首》《绕口令300首》《谜语300则》《半小时妈妈》《上下五千年》《唐诗三百首》等，以及各种音视频，还有九年制义务教育《语文》教材一至六册。

教方帆学习中文，我就从《语文》第一册从头开始。方帆学习认真，每次学新课，她都要将生字新词抄写到笔记本上，反复学习牢记，对课文也是自己反复阅读，直到彻底理解课文内容。

她对课文内容很感兴趣，并很快注意到其教育意义，美国教育侧重知识性、趣味性、自由思想、法治观念，以及对语言本身的掌握，缺乏道德品质方面的引导。方帆很快发现中英文截然不同的表达方式，及东西方在历史文化方面的显著差异，并且对中文古诗词和山水画表现出浓厚兴趣。

为了方帆今后能真正达到中文母语的水平，我首先注重对中文单字含义的讲解。例如，采和摘之差别何在？我们可以摘黄瓜，却不能采黄瓜；我们采蘑菇，却不摘蘑菇；我们可以摘花，也可以采花。母语孩子基本上能正确使用采和摘，外国人则会丈二和尚摸不着头脑。花的种类很多，有些可以采，有些只能摘。此外，摘还含"挑选"之意，摘黄瓜要摘成熟之黄瓜，不是藤上所有黄瓜都一起摘下来，采则含"信手拈来"之意。

中文的表达特点是从字到词，再由词到句，英文则从字到句和复合句，没有词这个中间环节。和母语孩子不一样，方帆缺乏中文听说的基础，又是成年人，难以在对词句不理解的情况下机械诵读。从字的含义推演出词的含义，再从词的含义构成句的含义，这样学习起来就比较容易，合乎成年人的思维和学习方式。

我还注重讲解两种语言不同表达方式之根源，对中英文进行全面彻底的比较研究，及课文内容的文学性和创造性。外国人学语言，往往注重实用性，以传递信息和表达愿望为主要目标，文学词汇、情感和想象表达方面不足，难以达到母语水平，不符合方帆的学习目标。最后我还注重讲解语言与历史文化一脉相承、不可分割的必然性。

　　方帆积极努力，在入读哈佛之前的短短四个月就学完了小学《语文》前六册。到哈佛之后，看见墙上有"应该接种"（新冠疫苗）的中文字样，就问我是什么意思？中秋节时，方舟的一位中国同学送她一盒单个包装的月饼，盒上有"双黄莲蓉味"字样，也问我应该如何解读？**学习就是要日积月累，不能只是上课时拼命，课后就抛到脑后。**

　　自然育儿法则要求以孩子为中心，幼年的方帆对中文不感兴趣，教也没用，今日之方帆，充满激情，学习中文一日千里。中英文之间的差异对国内孩子应该如何学习英文亦有参考借鉴作用。

十七、哈佛：不要你耀眼的光环，我有自己的梦想！

来到哈佛是要充分利用哈佛的资源潜心打造自己的未来，追逐自己的梦想，不是痴迷于哈佛的光环，虚度年华。哈佛是方帆人生的新起点，不是顶峰。

暑期通过外语和写作考试

从幼儿园起就日复一日顽强拼搏，高考结束，精疲力竭，进入大学就躺平，失去斗志，这就是错误育儿。高中毕业考上好大学是育儿的一个重要目标，但不能因此而让孩子早早透支、牺牲孩子终身成就这个育儿的最高目标。

考上哈佛后，方帆的学习热情达到了前所未有的高度，不仅在高四的六门AP考试中全部获得5分，还进一步深入学习欧洲史和西方哲学史，并对中文和中国历史发生浓厚兴趣。她的成长历程自然而然，没有任何透支，而是随着年龄的增长，精力愈加充沛。

哈佛本科生的外语为必修课。由于很多同学高中期间已修AP外语课，可能已经达到必修水平，为此哈佛在入学之前为同学们提供外语免修考试。方帆修过西班牙语，暑期又学了两个多月的中文，就参加了中文和西班牙语两门考试，中文没有通过，西班牙语顺利过关。就读哈佛期间不用修外语，腾出时间来修其他课程，符合方帆要充分利用哈佛学习机会的打算。

哈佛一年级学生还必须修一门写作课，该课有不同的难度档次，于是哈佛就提供了暑期写作水平测试，通过测试的学生到校后就可以选择高难度的写作课。测试方法是向学生提供三篇长文，第一二两篇各自陈述其对某些问题的不同观点，第三篇则是对前两篇各个观点的批判性评述，要求学生写第四篇论文，对第三篇论文进行批判性评述，以此来考查学生对三篇论文的理解水平和写作水平。

要写出好的论文，必须首先真正读懂第一二两篇论文，正确理解它们在相关问题上所持的不同观点，及持这些观点的理由。至于第三篇论文，则要看它在评述前两篇论文时是否正确引述了它们的观点，亦即第三篇论文的作者是否误解了前两篇论文的某些观点，其次还要看看第三篇论文的评述是否合理、论据是否充分等。阅读理解各种题材的论文早已成为方帆的强项，轻松通过。

由此可以窥视哈佛培养学生的理念，他们不要只会死记硬背的书呆子，要求学生有批判性的思维，但在批判别人的观点时又不能断章取义，曲解误解原文的观点。写评论性文章，作者有广阔的空间，可以借助于自己的学识，提升所讨论问题的深度和广度，写出令人信服的深度好文。

校园生活

哈佛靠近波士顿中心，美丽的查理斯河从校园南部流过。

上大学之前，孩子一直生活在父母的怀抱之中。踏进大学校园的第一天，孩子就脱离了父母的怀抱，扬帆开启人生的征程。自由和解放带来无比的轻松，面对新的生活，他们心驰神往，摩拳擦掌，豪情倍增。

哈佛橄榄球队到耶鲁客场比赛，方帆就和她的朋友们一起乘坐巴士到耶鲁"为哈佛队呐喊助威"。其实方帆对橄榄球赛毫无兴趣，根本就没有去看比赛，而是把几个小时的时间全部用于参观耶鲁的校园，并告诉我们耶鲁的校园非常美丽。方帆一直对耶鲁怀着一种特殊的感情，因为小时候，耶鲁是方帆的梦校。

方帆兴趣广泛，周末就到图书馆研究课堂之外自己感兴趣的课题，有时也和朋友结伴游览波士顿，或参观邻近的麻省理工学院，短短两三个月，方帆已和她的朋友们一起多次参观过波士顿的美术馆，正如她在申请哈佛长文的末尾所写的那样，她要看一看"这样做会在他们的心灵和理智方面引起什么样的回应。"

方帆对教育理论和实践很感兴趣，高三后期曾和韩德林商量高四时不再到学校学习，认为在家自学会更为有效。她目前的人生理想是大学教授，教书育人的同时从事人类学和哲学方面的学术研究。当"哈佛本科生教育研究会"出现理事会成员空缺时，她马上递交申请，成为该研究会的新理事。

哈佛的校园生活丰富多彩，各种活动举不胜举，各种音乐会几乎每周都有，有时一周还有多场。令人稍感意外的是哈佛的学生伙食似乎远不如普林斯顿，我们的家庭信息群中经常有方舟发的精美食物照片，也有不少方帆抱怨哈佛食物差的帖子。

上大学不是整天学习、学习、学习，而是要利用学校的资源，打造自己的人生，同时还要享受生活，全面发展。育儿自然法则继续适合于孩子的大学生活，及孩子今后一生的生活。

专业选择：人类学、哲学、教育学?

　　方帆的专业一开始是人类学，一学期后改为哲学，随即又对教育学发生浓厚兴趣。她兴趣广泛，难免这山望着那山高，究竟学什么专业成了一个"难题"。不过，哈佛的教学很灵活，允许学生自己设计专业，目前方帆正在考虑是否要自己设计专业。

　　与方舟的情况类似，第一学期选了四门课，分别为属于人类学的"深层历史"，属于人文学的"艺术史"，属于高层英文写作的"历史与实践"，属于天文学的"天体运行"。其中天体运行满足哈佛文科生必须要修数学类课程的要求。美国的许多高校都有类似的要求，例如方舟在普林斯顿读理工，却必须修英文写作等文科类课程。

　　美国教育注重培养全才，鼓励根据个人兴趣和特长选课，自己打造自己的知识结构，与专业密切相关的必修课较少，自由选课的空间很大。人类学专业，尤其如此。人类学涉及的知识面十分广泛，任何人都不可能在大学四年全面学习掌握，学校干脆由学生根据个人兴趣去构筑自己的知识体系。这种教学理念，对于思想活跃，独立能力很强的学生而言，是一个好方案。

　　教育如果越俎代庖，一切由父母和学校包干，学生就容易从小习惯于家长学校为他们选定学习内容，规划人生蓝图，这样的环境中培养出来的学生往往缺乏独立性和创造性，甚至不能生活自理。有许多考入美国名校的外国学生，面对众多的选修课程，无从下手，也不适应理科生必须修文科课，文科生又必须修理工课这样的"无理要求"。美国名校往往课程难度大、进度快，留学生初到美国，语言一时难以跟上，学习往往很吃力，叫苦连天的大有人在。方帆到校后完全没有这些问题，开学不久就有作文，教授对她作文的评语全部是夸赞，没有批评、圈改、建议，轻松获得100分。

第一学期结束时，她的艺术史和英文写作两门课都是A，"深层历史"由于"自己和课程都比较愚蠢"，得了个B+。其中英文写作课的教学助理告诉方帆，"你的文章写得太好了，应该改一改后寻求发表！"不过所修的四门课中又以天文学课最有意思。期中考试时，方帆居然发现考试题中有一个错误，她因此而获得附加分！学期结束，方帆天文学课的得分为109，而满分是100，教授给她写的评语是，"优秀！希望明年你会考虑回来为该课程担任 TA（教学助理）。"方帆从小对外空和外星很感兴趣，天文学课带给她的不仅是知识，还有很多乐趣。第二学期方帆修了五门课，分别为伦理学、政治哲学、分析哲学、科学实验和一年级学生的高级英文写作，全部得A。

育儿要以孩子的终身成就为目标，要早早练就孩子不断奋进的精神风貌。大学是孩子人生的开始，不是人生的顶峰。育**儿就是要培育他们强大的后劲，让他们进入大学后能继续奋勇向前。**

假期与教育学研究

第一学期很快结束，迎来第一个寒假。每次方舟从普林斯顿回来，旅行箱中都装满各种衣物和礼品，包括带给弟妹的有普林斯顿标记的衣裤鞋帽等。方帆的旅行箱中却有一个天文学课时所做的宇宙模型和六本书，两三天后又到市镇图书馆借出五本。短短三周多的寒假，她要读十多本书，有科学史、现代哲学、小说等，其中还有两本是八百多页的大部头，并且都是自己要读的"闲书"，与学校的学习无关。与此同时，方舟则整天围着手机和电脑转，和她众多的朋友和同学保持密切联系，经常还有网会商讨学生社团的活动安排。

　　寒假期间，方帆又分别和哈佛的两位教育学教授联系，得以加入他们的研究团队，获得从事教育学研究的机会，一项在第二学期正常修课期间同步进行，另一项则是方帆的暑期研究项目。

　　人生的路很长，上大学后需要付出更多的努力。

第四部

晴空万里，波涛又起
育儿自然体系应用于儿子方达的成长历程

方达简介：作业比较马虎，学习不够刻苦，成熟晚于两位姐姐。性格随和，阳光灿烂，凡事不斤斤计较。思维敏捷，逻辑性强，具有独特的幽默感，长于数学、音乐和视频制作。培养策略自然转变，轻松自如，成长过程突飞猛进，充满欢乐，但总觉得他还能做得更好。

导读：有了培育两个女儿截然不同的经验，我们已有充分的思想准备，对方达的培育充满信心。两位姐姐考入名校又改变了他的生长环境，给他的学习带来意想不到的压力，使得他的成长历程又面临着新的挑战。

对三个孩子的养育，我们使用了三套不同的育儿体系，育儿的感受也很不一样，再次展示了自然体系的灵活性和实用性。

十八、幼年成长与兴趣特长

两个孩子就只有AB一种关系，三个孩子就有AB、AC、BC和ABC四种不同的关系，生活更加热闹非凡，乐趣和挑战都大大增加。

三个孩子一起玩，自然是方达围着两位姐姐转。方舟很体贴，时常注意照顾好小弟弟。方帆比较顽皮，经常和弟弟玩恶作剧，要不就把他喜欢的玩具藏起来，要不就暗做手脚让他游戏失败，或者通过巧妙的方法将他的玩具夺走。出人意外的是方达却一直和方帆关系近，与方舟的关系反而比较疏远。多年后我问方达才知道，原来大姐姐个头太大，给他一种望而生畏的感觉！**父母站在自己的角度看问题，容易得出错误结论，是育儿失败的重要原因，克服的方法就是育儿要以孩子为中心，要站在孩子的角度去看问题。**

好奇心的启发

每个婴儿都怀着一种天生的好奇心，这是他们探索世界的法宝。我们不仅不能抹杀孩子的好奇心，而且还要时常注意启发孩子的好奇心。为此，我经常利用吃饭的机会给他们讲有趣的故事，启发他们的思维。

很多年前我曾读到过一个智力测验问题，说是某叔叔家住

20楼，每天早上上班都坐电梯到一楼，奇怪的是，每天下班回家时，他却总是坐电梯到18楼，然后爬两层楼梯到家，为什么？那时方达三岁，方帆六岁，方舟八岁。

每次我给孩子们讲这样的故事，他们都听得津津有味，反应热烈。我刚讲完，他们就争先恐后，有一种要显身手自己找到答案的感觉。这种情况下，我总是让最小的方达先发言，然后方帆再谈她的看法，最后是老大方舟。方达说，18楼是叔叔最喜欢的楼层。方帆说，他是为了锻炼身体。方舟说，她也觉得是为了锻炼身体，但又觉得有点奇怪。

然后我就领着他们一起讨论。我问方舟她对方达的答案有什么看法。她说即使18楼是他最喜欢的楼层，也不会天天都去那儿吧？方帆接着说，她同意方舟的看法。方达开始感到不好意思。我马上说，方达的看法还是有道理的，也许有的人就是对自己喜欢的东西恋恋不舍，不过天天都去还是不太可能。听到爸爸的表扬，方达的表情一下子欢快起来。

我接着说，如果他是为了锻炼身体，他就会天天都这样做吗？方帆马上很肯定地说："会的，因为锻炼身体就是要天天坚持！"方舟也说；"利用每天回家这个机会，省时间，效率高。"方帆赶紧插话，生怕别人赶在她前面，"还起到了督促他天天坚持的作用啊。"方舟又说；"如果不利用这个机会，也许他哪天就会忘了。"顷刻之间，方舟和方帆都觉得她们这次终于找到了正确的答案。方达也凑着说，锻炼身体好像比他的答案要好。

我说锻炼身体是应该天天坚持，听到这里，三个孩子都很高兴。但接着我又说，如果哪天他心情不好，会不会就不想锻炼了？方帆说："不会的，叔叔很坚强，不会偷懒的。"方舟说："如果他生病了呢？"方帆说："那他就不会去上班了！"我说："如果哪天他工作很忙，不得不多工作两个小时，回家时已经好晚了，也好累了？"方帆失去了先前的活跃，方舟似乎已经知道爸爸还有更好的答案。我进一步说："如果那天家里还有客人等着他呢？"停了一会儿，方帆小声说："你说他天天先到18楼，是真的天天都那样吗？"方达半天没发言，这时我就问方帆："你刚才说什么？"方舟则等着我继续往下说。

于是我说，还有相反的情况啊。如果他哪天心情好，又提前下班回家，会不会只坐电梯到16楼，然后爬4层楼回家，多锻炼锻炼？从方舟的表情可以看出，她已经知道爸爸一定有更好答案。方帆则显得有些无可奈何。

过了一会儿，我又说，你们知不知道那些排在电梯门口的楼层按钮是从第一楼、第二楼、第三楼一楼一楼地排上去的？我顿了一会儿，没人接话，又说，如果这位叔叔个子不高，他站在地上只能够着18楼那个按钮呢？方舟说她明白了，方帆也说她知道了，方达却说，那可不可以给他一个小板凳，然后又赶紧改口，"叔叔个子矮，够不着20楼的按钮！"。

大家都觉得答案已经找到，问题解决了。没有料到我又说，过去电梯的按钮是一排从低向高排，个子矮就够不着高层的按钮。但现在很多电梯的按钮都是排成两排，甚至三排的了，个子再矮也能够着所有楼层的按钮。方达说，是不是因为那位叔叔总够不着那个按钮，所以他们就改了？逗得大家哈哈大笑。我说，方达好聪明，这是完全有可能的，因为人都会变得越来越聪明的！方达觉得自己好得意。

保护孩子的自信心

在上面楼层故事的讨论过程中，我多次护着方达，目的是要保护他的自信心。方达年幼，在许多问题上跟不上两位姐姐。

如果不护着他，他就可能慢慢对自己失去信心，觉得自己笨，不如两位姐姐聪明。

无论孩子做什么事情，都要先肯定其优点和成功之处。在孩子言行实在没有什么优点可言的情况下，父母要挖空心思找到一个可以夸一下的闪光点。这种挖空心思夸孩子的方法应该只在家里施行。在有他人的场景，父母这样夸自己的孩子，不合社交常理，别人会觉得很可笑。这种情况下，保持沉默就可以了。即使孩子举止不当，也不要过分责备孩子以致损伤孩子的自信心。孩子毕竟是孩子，他们不是故意无礼，更不是坏蛋，只是暂时缺乏社会和生活常识而已。不过如果孩子侵犯了他人的权益或伤害了他人，父母应向对方道歉赔偿，然后再慢慢教育孩子。

夸完孩子之后，就进行引导。孩子受夸，心情好情绪高，更容易接受父母的指点。引导的方法就是委婉地指出孩子的错误，不要让孩子感到尴尬。这时再通过提问的方法帮助孩子纠正自己的错误。上面那个楼层的故事充分展示了这一策略。例如，我从来没有直接指出，"锻炼身体"不是最佳答案。如果那样，就是对孩子答案的直接否定，会起到打击孩子自信心的负面作用。与此相反，我一步一步地问问题，启发孩子们去思考，让讨论变得非常热烈，收到了启发孩子思维的最佳效果。

如何找模式

方达三岁多时，幼儿园的老师教他们如何从复杂的图案中找到有规律的模式。那天晚上他和我谈起这事，我就抓住这个契机和他玩这个游戏。他和我谈起这事说明他对此很热心，具备进一步学习提高的良好心态。如果父母无缘无故教孩子玩找模式，孩子不知所云，效果就要差得多。每次孩子和父母谈起学校或学习的事情，都是父母激发孩子学习热情的契机。

起初我假装不懂如何找模式，让他把课堂上学到的教给我。让孩子传授自己刚学到的知识，是巩固孩子新知识的好方法。于是他"教会"了我如何找模式，接着我就拿起儿童写字板跟他一起玩。我写画，他观看，展开了一个寓教于乐的育儿故事。

一开始，我画了一些简单的图案，例如ABCABCABC，如此循环，让他觉得简单容易，目的在于提高他的兴趣、热情和信心。接着我又自创了一些谁也没有见过的奇怪图案，在我试图重复这些奇形怪图时，我就特意告诉他，虽然这两个图形看上去不太一样，其实它们是一样的，因为我的本意就是要重复那个图案，只不过我现在画的这个和前面那个不很相像而已。他欣然同意，表示知道我在做什么。

等诸如此类的热身赛结束后，我画出一个非常复杂的图案，总共三十多个不同的字符和图形，没有重复。正当他看得心惊，快要失去信心和耐心的时候，我说；"不着急，你看看下一个是不是重复了？"于是我开始从头一个一个重复那些字符和图形。画出几个后，我又把写字板交给他，让他继续重复剩下的那些字符或图形，我则在边上津津有味地看着，如果他出错，我就会纠正他，直到所有字符或图形重复完毕。

那时写字板已经是满满当当，没有空间对长串图案进行第三次重复。但我却接过写字板，假装在写字板之外继续进行第三次重复，我边挥舞着笔边念出我要重复的那些字符或图形，告诉他我是在进行长串图案的第三遍重复，并问他；"你知道我在写什么吗？你看见我写的那些字符了吗？"把他逗得哈哈大笑。

于是我又说，这个图案三十多个图形字符之后就重复了，如果有的图案更复杂，要两百个之后才重复，那这个写字板根本就写不下。如果有的图案更复杂，要两千个甚至两万字符图形之后才重复，那还算不算是模式？我问他，他说不知道。我就说，还是应该算，因为毕竟还是重复了，只是我们需要更多的耐心等着它重复而已。

接着我又问他："你知道什么是耐心吗？"于是我又给他传授了一些关于耐心的知识。我说，像你刚才那样好像要失去信心的样子，就是没有耐心的表现。他笑了笑，有点不好意思地说："我要是多等一会儿它就重复了！"我说："下次再有类似的事情，你要更有耐心啊。"其实方达并没有犯下没有耐心的错误，不过是自然而然地流露出了孩子的天性。我是借题发挥，趁机教给他关于耐心的知识。

不知不觉中，你已经把孩子教得很聪明，这就是自然育儿法则的神功异效。

同孩子玩耍，自己也要表现得像个小孩，这样能和他们更好地打成一片。我假装在写字板之外继续进行第三次重复，就是模仿小孩的幼稚心态。我又说长串图案的重复"还是应该算"模式，使用了猜测的口吻，是要和他共同探讨这个问题，启发他去独立思考。如果使用肯定的口吻，就会剥夺他对这个问题进行独立思考的机会。这个年龄的孩子，对父母的话深信不疑。既然你已经告诉他答案，他就不会再去思考了。这种场合，父母最希望听到的是他们的反驳，或提出他们自己的新见解，证明他们在独立思考。为了达到这个目的，有时父母要故意提出一些错误的见解，引导他们来反驳，然后再和他们一起进一步探讨，层层深入，最终共同找到问题的正确答案，那时再和他们一起欢呼雀跃，庆贺问题的圆满解决。

培养早期数学才能

大约两岁时我就开始教方达数数，他很快就能轻松数到一百，明显优于两位姐姐。于是我又教他跳一个数数，如1、3、5、7、9或2、4、6、8、10，每回都和他一起数，他说一个数，我说一个数，一来一往，很有意思，没过多久他就掌握了这个技巧，轻松数到一百。于是我又教他跳两个数数，如1、4、7、10或2、5、8、11，他虽然也能掌握这个技巧，和我一起慢慢数，却显得比较吃力。不久后，就转而教他比较简单的按十和按百的数数技巧，如10、20、30、40和100、200、300、400等。

此后，他就结束了数数，开始学习加减运算。我则根据他的数学才能，有时会教他用简便方法求解某些超级难题，旨在震撼他的心灵，激发他的想象。例如，1+2+3+……+97+98+99=？我告诉他1+99=100，2+98=100，3+97=100，总共99个数构成49个100后，还剩下一个50，用按百数数的方法就知道49个100是4900，再加上那个剩下的50，最后结果是4950。一个初看起来非常难的问题就这样奇迹般地得到解决了。

我指导孩子学习，注重的不是某些具体技巧，更重要的是培养孩子的想象力，激发孩子的学习热情和好奇心，增强孩子面对困难的勇气和信心。

积极参加 π 节和圆周率默写

圆周率 π 的值约为3.14，于是每年3月14日就是美国的 π 节。届时很多小学及个别初中都会举行庆祝活动。先是同学们

进行 π 值默写比赛，男生中的优胜者被加冕为"π 王"，女生中的优胜者被加冕为"π 后"，然后就是大家一起享用精致饼类点心（因为 π 的读音和英文"饼"的读音相同）。整个活动欢快有趣，寓教于乐。

数学家认为圆周率应是一个有理数，用小数来表达就必然是一个循环小数。为了证明这一点，数学家们就不断对 π 的数值进行越来越精确的计算，至今算出的数字已多达 6.28×10^{13} 位。可以肯定，今后数学家们还会算出更多的位数，因为这些数字至今仍然没有出现重复。

π 的确是一个数学之谜。π 节除能激发孩子对数学的兴趣外，还鼓励他们展开想象的翅膀，探索更广泛的科学与社会问题，是培养孩子创造性思维及自由思考的好方法。麻省理工学院每年都在 π 节那天公布新生录取结果。

π 值的默写竞赛完全是自愿参加。我们的三个孩子都曾参与，方舟、方帆默写至二百余位而获"π 后"称号，方达则默写至六百余位而获"π 王"称号。**默写位数的多少并不能说明多少问题，对孩子一生的成就也不会有重大影响。重要的是这项活动是否激发起孩子对 π 迷的好奇，对学习的兴趣，及对各种其他问题的深思？这是一个启发孩子好奇心的难得机会。**

自学国际象棋

一年级结束的那个夏天，方达在网上发现了国际象棋，开始自己学习，并把这一信息告诉姐姐方舟，两人开始在网上和计算机对弈。按自然体系养大的孩子就是这样，他们会成天欢天喜地，带着天生的好奇心去探索世界。几天后我才知道这事，于是告诉他们，我们家有国际象棋。原来方舟三岁多时我们急急忙忙给她买来一些比较超前的智力游戏，其中就有国际象棋，但当时她不感兴趣，就搁置了下来。

听说家里有国际象棋，三个孩子立即来了兴致。此后国际象棋就在家里兴起，先是方舟和方达，后来方帆也参与，最后我也和孩子们一起玩。

方达最努力，兴趣也最浓，周末去图书馆就借回来一本国际象棋大师所著的200多页实用书籍，并立即津津有味地阅读学习，不到两个月，就几乎读完了全书。后来方达又借来一本国际象棋残局的职业书籍，和我一起研究其中的部分内容。方达迅速成为家中的国际象棋高手，方舟比他大五岁，两人对弈还是方达胜多负少，后来我又和方达较量，也没有明显优势。

二年级开学后不久，学校组织了一个国家象棋俱乐部，邀请三、四、五年级的同学参加。我知道这个信息后，就决定给主管老师发电子邮件，告诉她方达的情况，希望能破例允许方达加入俱乐部。老师果然破例。俱乐部的活动为一周一次，安排在课前，届时我们就开车送方达早到学校。三个多月后，俱乐部举行了比赛，方达捧回一个奖杯。

方达因此在学校名声大振，并迫不及待地期盼着来年俱乐部赛。可惜不知由于什么原因，第二年学校又没有组织俱乐部。此期间他经常和计算机比赛，棋风变得比较稳重，因为计算机就是采取稳重策略的，在和对方对换棋子时往往只求持平，没有贪便宜的倾向，这其实是职业棋手的作风。不过这种策略在普通厮杀中往往会吃亏。

第三年俱乐部终于又回来了。遗憾的是每回俱乐部活动，方达都洋洋得意，不把对方放在眼里，经常故意把自己的皇后放到对方的枪眼上，看对方什么时候能发现。这样的心理状态，自己的棋艺难以长进，比赛心态也是一个严重问题。到俱乐部赛时，他在第一天的最后一轮惨遭淘汰。由此可见，孩子初期的领先虽然令人振奋，其实微乎其微，容易被超越，再次说明"赢在起点"之为错误育儿理念。

那天回家他非常沮丧，全家也难免大失所望，毕竟他已经是四年级的学生了。后来我觉得国际象棋作为一个源于古代的游戏，其涉及的知识深度毕竟有限，整个问题都可以通过计算机来找到答案，就建议方达把精力用来学习涉及更广阔领域的现代计算机编程。

值得注意的是，小学二年级时方达就能读懂国际象棋书籍，显示出非凡的自学能力，可能是因为他从小就和两位姐姐一起玩耍，接触的内容和玩乐方式超越他的年龄，基本上就是说，方达一开始就生长在一个超前教育的环境之中，而这个环境又不存在任何人工雕刻的痕迹。如果只有一个孩子，为了对孩子进行超前教育，父母经常有意识地让孩子接触超前的内容，从事超前的活动，这样做难免在孩子的成长环境中掺入某些人工因素，违反育儿自然法则。可见要在不违反自然法则的前提下实现超前教育并不是一件简单的事情。

十九、已有音乐天赋，又现艺术才华

"爸爸，我要学钢琴！"

方达三岁多的某一天，我在指导两位姐姐弹钢琴，他一个人默默地站在一旁观看聆听。等两位姐姐结束离开，我收拾课本关闭钢琴时，才发现他一个人还余兴未尽，站在那里一动不动。我开玩笑地问他："你想弹琴吗？"我以为他会说不，没想到他却很肯定地说："想！"我当即脑袋就炸了，觉得自己惹了个大麻烦。三岁多一点的孩子，你怎么教他学钢琴？这个年龄的孩子还听不懂你的指导，更难给他讲明白什么大道理。之前方帆快四岁时学过一次钢琴，老师说她年龄太小，一节课后就停止了。

震惊之余，我还是边让他过来，边琢磨怎样教他学钢琴。既然我没有信心让他按照我的意思来学习，就干脆我按照他的意思去指导。我就这样很快形成了一个他领头、我跟随的钢琴教授方法。

幸好当年方帆学过一次钢琴。尽管老师说她年龄太小，没有继续下去，上第一节课时还是买了一本最初级的钢琴教材。那本书的封面是紫色，我和孩子们都叫它"紫色书"，现在正好派上用场。我翻开紫色书，告诉方达："你看，这儿有两只黑蚂蚁。"其实就是钢琴上的两个黑键，紫色书称它们为"两只黑蚂蚁"。这个年龄的孩子，所知无多，却对黑蚂蚁之类的小动物比较熟悉，和他们交流，就是要使用他们熟悉的语言。在今后很长一段时期内，每每提到紫色书和黑蚂蚁，方达都眉开眼笑，喜形于色。

我继续照本宣科，自己先按下那两个黑键，然后让他模仿。幼小的孩子，虽然没有多少其他本事，模仿能力却胜过成人许多倍！就这样，我先是口中念念有词，然后再挥弹数键，最后让他模仿重复。我一来，他一往，配合默契，进展神速。

最初级的钢琴，曲子特别简单，一曲总共才十几个音符，一会儿就完成一曲。通常钢琴老师的教法是让孩子反复练习同一乐曲，直到准确熟练后再学新曲。在教方达时，我没有遵循这个套路，而是尽量按方达的意向行事。每学完一曲，我就问他："你想继续练这首呢，还是学下一首？"每回他的回答都是："学下一首！"他从来就不想把同一首曲子弹两遍！展示了他强烈的好奇心。弹过的曲子，已经有所了解，下一首仍然是一个未知的谜，好奇心驱使他去解开一个又一个的谜题。不知不觉中，他已一口气学完了二十余首！我觉得有点太多了，于是问他要不我们下回再学，他说好，这样才结束了他的钢琴第一课。

二十余首曲子之后，他其实已经很累，难怪对我的建议，他欣然接受。孩子很小，不知劳累，累极了就会哭闹，和孩子玩耍，父母要多留心，避免孩子过分劳累。

方达很小，我当时就打定主意，绝不能把学钢琴当成他的日常任务。于是我就告诉他："如果你什么时候想弹钢琴，就告诉爸爸。"之后两三年的时间，我没有一次主动叫他弹钢琴，每次都是他找我。

出人意料的是，方达经常三番五次找我要学钢琴，往往是早上九点左右他就来叫我。有的时候，下午两三点又来找我要弹第二次，极个别的时候，晚上七点左右还会找我要弹第三次！通常教授钢琴是要求每天弹一次，如果生搬硬套，我岂不扫了他的兴致？外行做事要尊重内行惯例，但也不能一点机灵劲都没有。

方达对钢琴的着迷展示了音乐的魅力，也展示了孩子的好奇心和求知欲。如果孩子对某一事情发生兴趣，他就不会轻易放弃。与此相反，如果孩子对某件事情不感兴趣，父母强扭也不会奏效。养儿育女，要见机行事，顺其自然，这样孩子快乐，父母也幸福。

那些日子，我的最佳表现就是随叫随到。无论工作有多忙，只要他叫我，就马上放下手中的活，立刻教他。孩子很小，什么都不懂，我想让他知道，任何时候他都可以得到爸爸的帮助，这样可以培养他对爸爸的信赖感，及对生活的安全感。与此相反，如果我因为工作忙而拒绝他，他不明究竟，就会误解为有时爸爸也不会帮他，也就是说，如果什么时候有要求或困难，爸爸也可能靠不住。其次，每当他叫我时，他一定是兴致勃勃。如果我拒绝，他就可能失去兴趣，转而关注其他事情。即便推迟五六分钟，他也可能已经兴趣转移，那时再教，效果就会差一些。正所谓趁热打铁才会成功。

起初的那些日子，每回都从头到尾重弹第一课学的那二十余首曲子，仍然是每曲只弹一遍，弹完这些曲子后就比较累了，于是就此结束。如此往复七八次后，我意识到我不能完全由他领着，他毕竟没有什么学习钢琴的全盘计划。于是在下次开始之前，我就对他说："你前五首都弹得很好了，要不你就从第六首开始？"他说会答应，这样省去了前五首，等他弹到以前停止的那首时，他还有一些能量。于是我问他："你要不要学下面的新曲子?"他说:"要。"我就又教他五六首新曲子。这样就又形成了一个新的学习模式。如今回想起来，我才意识到，在他当时的心目中，所谓学钢琴就是反复弹练那开始的二十余首曲子而已。毕竟三岁多的孩子，还能知道更多?

方达的钢琴进度令人惊讶。那些曲子对他来说真是太简单了。每首新曲子，我一弹他就能马上重复上来，无须反复，立即进入下一首。一个月左右，第一本书就学完了，第二本则标明为第一级的上半部分，但这本书的前半部分内容，其实已经在第一本中学过了。方达就直接从第二本的中部开始，曲子仍然很简单，学习速度仍然很快，只是到了全书快结束时，才出现一些比较难的曲子，让他的速度有所减缓。

接着就进入第三本书，标明为第一级的下半部分。刚开始的八九首曲子还行，下面就太难了，学来学去没有什么大进步，总也掌握不好。于是他就不再那么频繁地找我弹钢琴了，之后不久他就进入了第一个休养期，连续三个多月不再弹一次钢琴。现在回想起来，很可能是他钢琴弹得太多，把自己累倒了，需要休养。如果那时我去逼迫他，必然给他带来痛苦。这个例子也说明，让孩子自己管理自己的事务，他们给自己施加的压力就会恰如其分，不会过高，也不会过低，"抗压能力低"这个问题被自然化解于无形。

那年的夏天，正赶上学校第一次组织才艺表演会。方达报了"金钱不能买来一切"，曲子不是很难，比较长。他本来是有充分准备的，只是给他安排的时间正好是他每天午睡的时候，轮到表演时，他已处于半睡眠状态，在双手捧书一个人踏着五级左右的木梯上表演台时，不小心滑一跤，把膝盖都摔破了，哭了好一阵。一个展示钢琴才华的机会就这样被抛到了九霄云外。

……

下面的几个例子展示了陪伴孩子玩乐的奇妙功效和无穷乐趣。

六岁多时方达学习一首钢琴喜剧乐曲，乐曲结束时的几个音符都很高，为了够到这些高音键，他需要将身体右移至长凳的最右端。我就逗他玩，说他在弹这些键时会从长凳上摔下来，不过没关系，我会把他接住。于是每每弹奏这首乐曲，结束之际他都要假装从长凳上摔下来，让我把他抱住，然后哈哈大笑。

方达学习钢琴就是这样，从来没有需要付出努力的意识，完全是出于随心所欲的玩乐。他在弹奏四级的一首太空曲时，乐曲要求反复一次，他却反反复复重弹十多遍也不停。我就笑话他，说他不会认谱，只看见那个要求反复的符号，却没有看见反复一次后就该弹结束句的另一个符号。每回这样笑话他都会让他变得更加得意，增加他弹奏该曲的热情和欢乐。太空曲是他最喜爱的乐曲之一，他弹得得心应手，闭上眼睛都能流利自如，后来不断自己变着花样弹，最后竟然要尝试左右手交换，用左手弹右手的旋律，右手弹左手的和弦，这当然根本行不通！

这是一个以孩子为中心的育儿案例，也体现了自然法则"让孩子自由自在全面成长"的思想。父母的任务是细心观察，及时发现孩子兴趣特长之所在。但是，"让孩子自由自在全面成长"并不是任由孩子自由玩乐，养成一个接一个的坏习惯而没有长进。如果是那样，就是父母的错误。

学习萨克斯管与爵士乐

方达的钢琴起步早，初期水平也高于方舟和方帆，等小学四年级参加学校的管乐队时，一切都是轻松自如。和方舟方帆一样，学习第二门乐器，也没有请私人教师指导。平时在学校学习一些基本技巧和知识，回家练习时就由我来指导。没有任何吹奏萨克斯管的经验，我的指导完全停留在普通音乐素养和基本功方面。后来有一首曲子比较难，我和方达达成协议，请大姐姐方舟来指导。方舟也没有吹奏萨克斯管的经验，不过她在高中乐队多年，又是校乐队首席指挥，对整个乐队的演奏细节了解较多，加上她平时乐于和乐队的同学交流经验，对萨克斯管的基本特点还是有所了解。不出所料，在方舟指导下，很快就突破了乐曲的难点，吹奏达到一个新的水平。

初一时方达顺利考入校爵士乐二队，初二时又同时考入校爵士乐一队和校管乐队。初中的每个校乐队每周都有两次课前排练，需要父母提早把孩子送到学校。如果方达同时参加两个校乐队，我们就得一周四天送他上学，我们就告诉方达只能去一个乐队，他欣然同意，选择了爵士乐一队。

高一时按学校规定只能进"高一乐队"，由于疫情，音乐课也和其他课程一样改为上网课，没有什么集体演出。高二时，方达本想考爵士乐队，可惜学校有规定，参加爵士乐队的同学必须同时参加一个管乐队。如此规定的原因是爵士乐属于专业音乐的范围，要修专业音乐必须同时修普通音乐，学校每年都有一些学生这样做，他们都以音乐学院为大学目标，打算一生成为专业音乐人才。方达的大学打算学计算机科学，同时修两门音乐课会耗时太多，加之他又不愿意像方舟那样进入管乐队，高二就干脆放弃音乐而选修艺术系的"数字媒体"，主要内容是视频制作，满足他初中以来对视频制作的个人爱好。

在高二快结束准备高三的选课时，方达终于找到了一个进入爵士队的诀窍，那就是报考乐队的钢琴职位，并轻松过关。原来几乎所有的校乐队都缺钢琴手。学校的音乐教学没有钢琴，钢琴学习必须来自家庭教育，通常很缺乏。乐队没有钢琴手，老师在选曲时就要避开需要钢琴的曲目。那时有一首曲子需要钢琴伴奏，老师就让方舟临时兼任。

爵士乐和普通乐曲不一样，钢琴常常是乐曲的重要内容，而且除固定的乐谱内容外，爵士乐还要求钢琴手（及其他独奏者）按照一定的规则即兴弹奏一段，增加了演奏的难度。总而言之，爵士乐队不仅不能没有钢琴，而且还要有高水平的钢琴，否则整个乐队的水平都会受影响。由于这些原因，作为爵士乐队的钢琴手，就不需要进入另一个管乐队。

我们三个孩子都是每人学习两门乐器，加上每年一度的"爸爸生日音乐会"和家庭"圣诞音乐会"，家里经常充满欢快美妙的旋律。夫人常说，这些孩子怎么一个个都这么神，给他们一个乐器，鼓动鼓动就会了？我小时候也鼓动过几种乐器，却一个没学会。之所以这样是因为他们早早就打下了坚实的钢琴基础。

对音乐理解力的培养

钢琴及其他乐器的学习包含三个方面的内容，一是演奏技巧，二是音乐理论，三个是音乐素养，亦即对音乐的感知和理解力。

很多钢琴老师从一开始就十分强调对孩子演奏技巧的培养，要求孩子准确掌握乐曲的节拍和每个音符的高低，认为这些都是乐器学习的基本功，基本功不扎实，难以达到高水平。这样的高标准严要求往往使乐器的学习一开始就困难、枯燥，致使很多孩子半途而废。与此同时，又往往缺乏对孩子音乐素养的同步培养，认为孩子年龄小，还不能理解音乐的内涵。久而久之，孩子就不自觉地把全部精力都集中到对技巧的训练和掌握方面，形成一种难以自拔的误入歧途。

音乐理论枯燥难懂，可以等孩子大些时再学，音乐素养的培养则应早早起步。

我曾有机会聆听一些孩子的钢琴演奏。听着听着，就会自觉不自觉地对他们娴熟的技巧产生佩服之情。乍听起来，好像是赞许，仔细一想，却是一种遗憾，因为我没有从他们的演奏中感受到音乐打动人心的美丽和震撼心灵的力量。**音乐真正的魅力不在乐谱的音符中，不在乐器的弦键上，而是来自演奏者的心灵，是演奏者对乐曲内涵的理解、表现和再创作。**

对音乐的深层理解，及由此衍生而来的对音乐的表现力才是学习音乐最重要的内容。如果技巧欠佳，仍然能把那些不需要高超技巧的乐曲演奏到出神入化的境界，如果缺乏对音乐的理解力和表现力，技巧再好，终归枉然。我在教授孩子乐器的过程中，一直非常注重孩子们对乐曲的感知能力，经常问他们这首曲子是不是很美，美在哪儿？乐曲的主题是什么，故事是如何发展演变的，又有什么风格和特色？

方舟的音乐会很多，我就时常带着方达一起去，让他见识我们高中最高水平乐队的风采。有一次乐队老师居然请来一位前白宫军乐队单簧管独奏大师和同学们同台演出。这位大师退休后就居住在学校附近，是我们学区多年前的音乐奇才，所以他会欣然接受邀请，回到母校给同学们一个开眼界、长见识的机会。他的单簧管独奏让全场震惊！在场的每一位听众都为他的精湛表演长时间欢呼雀跃。方舟方达都为此感慨万千，原来音乐果然有如此魅力！

音乐是人类心灵的语言。幼小的孩童，虽然不具备多少科学知识、社会阅历，却具备与生俱来的感知心灵语言的能力，那就是音乐。方舟曾多次告诉我，她小时候每次听我吹竹笛，都觉得美妙动听，后来我学钢琴，她又有同样的感受。我的笛子和钢琴水平都很一般，吹奏的乐曲也比较简单，却能打动她幼小的心灵。我们家有很多电动玩具，这些玩具的共同特点就是会时常播放美妙的音乐，三个孩子都非常喜欢这些玩具。这一切似乎都说明，幼儿本来就具备很强的音乐感知能力。

我曾问方达，是什么让你如此喜欢钢琴？他说是音乐的美丽！

毕加索曾说，每个小孩都是一位艺术家，问题是如何在长大后仍然是一位艺术家。我们是否也可以说，每个小孩都是一位音乐家，问题是如何在长大后还仍然是一位音乐家？年幼的孩子，精神内涵很少，天生的音乐艺术天赋得以彰显。长大后，精神世界变得复杂丰富，天生的音乐艺术才能如果没有及时得到进一步的发展，就会逐渐被其他新获得的才能所淹没。

开发孩子的音乐艺术天赋应始于幼年，简单容易，只是不可停息间断。

自己的钢琴自己练

正如"自己的学习自己管"一样，自己的钢琴也要自己练。我从来没有"白陪"任何一个孩子练过一分钟的钢琴。如果他们弹琴时我站在旁边，那是因为我在仔细观察他们的弹奏，试图发现他们在指法和按键方面的错误，及对音乐处理的不足，并及时指出纠正。后来方达达到较高水平后，我就不再站在旁边了，而是坐在沙发上仔细聆听，然后告诉他哪些地方他对音乐的处理还不够完善。

方达的钢琴后来居上。但当他逐渐赶上并超过方舟成为三个孩子中的钢琴第一高手时，方舟已在普林斯顿上大二，方帆早就不弹而改学艺术了，只是他一个人还在继续努力，追求新的钢琴高度。当方达尽心尽力，弹奏出美妙动人的钢琴旋律时，那种三个孩子同坐一条长凳，共弹一首乐曲的欢乐场面、热烈气氛已经成为遥远的过去。方达从小在家围着两位姐姐转，等两位姐姐都上大学后，他才真正成为我们生活的中心。遗憾的是一个三口之家远不如一个五口之家热烈欢快，儿子的生长环境没有改善，他反而感到有些寂寞，两位姐姐的成功还给他的生活带来一种无形的压力。自然法则就这样不知不觉地影响到家庭的生活和孩子的成长。

可喜的是方达已长成一个能够独立管理自己事务的大孩子，他的学习和追求已进入理性的自觉阶段，不再需要以玩乐为前提背景。他继续练钢琴的根本原因是他对音乐和钢琴的强烈热爱，音乐给他带来美的享受，让他的生活充满欢乐。这就是内驱力的源泉。到了这个阶段，育儿就简单容易了。

方达目前所练的乐曲，难度很高，没有很强的内驱力根本不可能，他的一个目标是为两年后的大学申请准备一个音乐文档。美国名校申请都有这个可选项，学生可以在申请材料中附一个音乐或艺术文档，向学校展示自己的音乐艺术才能。

如果说方达之前的钢琴学习完全是出于玩乐，他目前和今后的进一步提高就是一种理性的追求，需要付出不懈努力。之前孩子年幼，不知努力，只知玩乐，那就让他们在玩乐中学习成长；现在孩子已经长大，知道努力，也愿意努力，那就让他们尽情努力！这正体现了自然体系的精神实质。

学习视频制作

初二时方达对视频制作发生浓厚兴趣，开始自编自演自拍有趣视频，编辑整理后贴到网页，和同学朋友一起欣赏，渐渐地他的朋友们也对他的视频发生兴趣，经常和他配合，按照他的构想，主动扮演视频中的角色。方达更是视频的主人公，自学了一些表演技巧。高二时又选修以视频制作为主要内容的"数字媒体"课，进一步提高制作技巧，投入越来越多的时间和精力。

基于方达的数学才能，进入名校的有效途径是入围奥数竞赛第三轮。但在他生活的这个时代，网上视频非常流行，自然而然地闯进了他的生活，激发起他对视频制作的浓厚兴趣，逐渐成为他生活的一项重要内容，对他的奥数学习形成巨大冲击。

高一时作为英文课的一个项目，方达拍了关于罗密欧和朱丽叶的短片，得到授课老师的热情赞扬。同期又拍了一个关于反恐怖组织的15分钟短片，短片虽然只有15分钟，他却花了300多小时进行剪辑配音配乐。平时只见他经常坐在电脑前忙忙碌碌，也不知道他究竟在干什么（我不介入孩子的生活细节，而是给他们充分的自由和信任），后来还是方帆告诉了我们事情的原委。我们看过短片后都觉得水平很高，鼓励他投稿参加地区艺术竞赛。

那时离投稿截止日期只有三天时间，竞赛投稿要求视频在5分钟以内，配乐不能使用版权材料，于是方达又将短片剪辑压缩到5分钟，并剔除其中的版权配乐材料，时间仓促，质量明显下降，未能获奖。鉴于短片水平，我们都鼓励他进一步努力，争取明年有更好的作品参加艺术竞赛。此事后我们才发现方达原来在视频制作上已经如此投入，难怪他已经有半年多不愿意再在奥数上下功夫。

视频制作必然有其正面效应，所下的功夫必然会丰富他的知识，提高他的艺术修养，造就他的生活态度，会自然而然地融入他未来的生活。我们成长于一个只有数学没有视频的时代，对视频的功用茫然无知，不应该指手画脚。我今日按自然法则对他的培养，来日必然会在他的成长过程中显示出巨大的威力，究竟如何显示，我难以预测，只有方达才能逐步慢慢悟出，只有未来才知道。

按照自然法则育儿，要接受孩子的成长环境，不能将视频制作从他的生活中剔除出去；要尊重孩子的兴趣，不能逼迫他按我之前构想的奥数赛道前进。

二十、不是说岁月静好吗，为何又风雨摇曳？

育儿之岁月静好是父母的理想和期盼，风雨摇曳才是孩子成长的现实，理想和现实脱节是生活中的普遍现象，按自然法则育儿，一切问题都会迎刃而解。

电子游戏

男孩子的天性

好斗好胜是男孩的天性，是生命在自然环境中求生存所必备的能力。没有这个能力，生命就会在环境的折磨中销声匿迹。生命的本质就是去获得生存的资源和空间。人类早期靠打猎来获得肉食，正是出于生存的需要。打猎就是和野兽进行殊死搏斗，这其实也是人类战争的根源。

大多数电子游戏的内容就是打斗探险求生，不许男孩玩电子游戏无异于扼杀他们的天性。这种天性与生俱来，隐藏在人类的基因之中，是绝对不可能被轻易抹杀掉的。相比之下，女孩争强好胜的欲望较弱，对电子游戏缺乏热情，大女儿方舟会偶尔玩一玩，从不着迷，二女儿方帆则没有任何真实兴趣，偶尔凑凑热闹而已。

既然喜欢游戏是男孩的天性，那么试图阻止男孩玩游戏就

是错误育儿。正确的做法是引导他们在玩游戏的同时不要荒废学业。这和如何教会孩子正确使用手机很相似，游戏也是一分为二的，要注意发挥有益的一面，避免有害的一面，不要全盘否定，不要试图将其彻底赶出孩子的生活，那样只会让孩子伤心，违反以孩子为中心的育儿法则。

自己学会新游戏

二三岁时，方达就开始和两位姐姐一起玩电子游戏。姐姐兴趣不大，玩一会儿就走了。方达却乐此不疲，一玩再玩，后来又开始在我们给孩子们找的幼儿游戏网页中尝试新游戏，在不到四岁还不能阅读英文、无法了解游戏规则的情况下，就通过反复试验的方法一个人学会了新游戏的玩法，并随即教会两位姐姐。这说明方达在玩游戏时，不是简单地按照游戏规则，乱玩一通，而是在时刻进行积极主动的思考，只有这样，他才能逐步弄明白新游戏的玩法。如此玩法自然会启发他的思维，提高他的智力。

游戏本身也很有学问。游戏内容往往基于科学知识，包含许多生活道理，整套游戏的布局安排、画面设计、配音配乐、事件发生发展的因果联系，都需要通盘考虑，合理安排。打游戏本身也是一个学习的好机会。方达喜欢计算机编程，我就经常问他，你能猜一猜这个游戏是怎么写出来的吗？你能写出类似的游戏吗，或者说你能写出什么样的游戏呢？

玩游戏的缺点是容易着迷上瘾，损害健康。在允许孩子玩游戏的前提下，要告诉孩子把游戏当着学习的机会，经常和他们探讨游戏的收获，还要告诫孩子一定要控制游戏时间，不能玩起来没完没了，荒废学业。

幼年的孩子都很听话，早早养成他们良好的游戏习惯并不困难。麻烦的是，孩子已经十多岁，没有自律意识，已经养成许多坏习惯，这样慢慢矫正起来就需要相当的时间和耐心。按自然法则育儿一定要从小做起，最好从孩子出生的第一天开始。

方达每天的游戏时间都在一个小时左右，节假日要多得多。电子游戏早就成了他生活不可分割的一部分。想想看，如果我禁止他打游戏，会有什么结果？最明显的就是他会很不高兴。一个很不高兴的孩子什么事情都做不好。其次，没有游戏，他又会利用这省下来的一个小时去做什么呢？如果用于学习，效率多半不会高，收获甚微。如果用于和同学聊天，或者仅仅傻坐着，也会于事无补。相反，让他玩游戏，结束后，他就会自然而然地着手其他事情，让他的生活按照自己的安排有条不紊地正常进行，这正是自然体系所期待的结果！

禁止（男）孩子玩游戏是很多家长常犯的错误，放纵孩子成天游戏，荒废学业，是家长常犯的又一个错误。

电子游戏制作

把游戏和计算机编程紧密结合起来，方达从小就在琢磨如何创作自己的新游戏。初二时我曾鼓励他把他熟悉的记忆游戏写成电子版本，取得了相当的成功。后来他又和好友克里斯合作，试图写出更好的属于自己的新游戏。这期间在克里斯的鼓动下，他又改学一门新的编程语言。目前方达还在和克里斯一起继续创作他们的新游戏。

网上多人游戏

高二后期，方达开始花大量时间和六七个好友一起玩网上游戏，这些游戏都是多人在网上一起玩，属于集体游戏。虽然我更希望他把这些时间更多地用到学习上，无奈他和朋友关系密切，一旦有人提议要一起玩，自然不甘落后。好在是他的绝大多数朋友都很注意自己的学习，玩游戏有节制，不会做出什么出格的事情。

男孩子的学习

粗枝大叶

和两位姐姐相比，方达的学习呈现男孩子粗枝大叶的特点。小学期间做数学题时，经常忘记把正确的答案写到指定的方格内，或者在抄写答案时又会多写或者少写一个零，例如把300写成3000或30，等等。即使到了高二，在一次数学竞赛中，他竟然在最后一步将100减44误算为100减46而得出54的结论。

他的数学超前，很多内容在学之前已全部掌握，上课时就常常不认真听讲，为此初中的数学老师很不喜欢，有一次他答题有错，老师就在错误之处用讽刺的语气写上评语。美国老师不一样，不会因为成绩好就喜欢你。虽然我多次告诉方达，上课要认真听讲，但男孩子的天性始终难改。

高二时有一次他要去参加数学竞赛，就给计算机课的老师请了假，他走后有一个课堂小测验，由于缺席，老师就（误）给他记了一个零分。我让方达去找老师，他也没去，因为计算机编程对他而言非常简单，平均成绩一直优异，一个小测验得零分不会影响他拿A。

家庭作业方面，如果有什么问题不会，方舟方帆都会问我，所以每次都是满分。与此相反，方达的家庭作业不认真，往往得低分，甚至还有一些零分，有时是忘了，大多数时候是他不在乎，因为美国学校的家庭作业占比很小，只要平时成绩好，仍然可以拿 A。

他也知道高中成绩很重要，不能有 B，只是他的行为没有展示出应有的急迫感。平时玩游戏的时间一点没减少，仍然和初中阶段一样花很多时间在视频制作、和朋友聊天聚会、密切关注美国职业篮球赛等。高一高二时我曾试着和他谈大学申请，他每回都说："这么早，谁谈这个？"

夫人总说方达不够刻苦，要我对他严加管教。我说方达的确不够刻苦，可他各科成绩优秀，钢琴水平很高，视频制作也在进步，并且他一直在按自己的理解"合理"安排自己的生活，只是他给自己安排的玩乐时间太多。这种情况下对他严加管教，其实是师出无名，必然适得其反，所以我只是偶尔对他旁敲侧击。

男孩女孩不一样

先养育两个女儿，习惯了她们做事认真的态度，后来这个儿子虽然很聪明，却总是马马虎虎，让人不得不再次惊叹生命的神奇。

方舟方帆上幼儿园刚学英文字母书写时，夫人就多次说我们女儿的书写工工整整，而那些男孩的书写却像狗刨似的，甚至都到一年级了，还分不清 d 和 b，两个字母都是一竖一个圈，不同的是一个圈在左，一个圈在右。轮到方达也分不清圈在左还是圈在右时，夫人才知道自己的男孩也不比别人的强。

方达自幼就显示出非凡的数学才能和严密的逻辑思维能力，这个圈在左还是圈在右的问题却属于形象思维的范畴，这个领域女孩往往胜过男孩。归根结底，这个圈的问题也不是什么难题，只要仔细看一看，就知道哪个圈在左哪个圈在右了，可是男孩子就是不仔细！

痛苦的 AP 欧洲史

两位女儿当年学习 AP 欧洲史都轻松过关，方达却很快就面临势必拿 B 的残酷结局，为此他一个多月痛苦不堪。两位姐姐高中四年各科成绩全部是 A，让他觉得欧洲史拿 B 就上不了名校，可见他对学习是很认真的，对各科拿 A 是非常执着的。孩子通常都很努力，不甘落于人后，不愿意让自己和家人失望。遗憾的是孩子种种主观的努力仍然难以避免成绩不理想等多种差错的发生。父母不能动辄责备孩子学习不够努力。

幸好方达其他各科都很轻松，不需要投入多少时间和精力，所以他能把很多时间都用到欧洲史上，加上他绝不放弃的决心，终于扭转败局，高二两个学期都拿 A。

甩掉"英文不好"这个坏标签

要让孩子自由自在全面成长，就不能早早给孩子贴上任何标签，标签会捆住他们的手足，束缚他们的心灵，妨碍他们的探索，扭曲他们的成长。

被捧成学霸的孩子会满怀信心地去实现学霸的形象，看上去像是好事。如果孩子当初的优异成绩来源于幸运与巧合，真实能力其实有限，学习方法又不对头，这个早期学霸的名头最终还是难以保住。这个过程中孩子会遭受巨大的精神磨难，成为早期标签的受害人。

那些早早被标记为学渣的同学，要想摆脱这个形象更是难上加难。乱贴标签害死人。这种情况下，聪明的父母应该告诉孩子，不要去计较一时考试的得失，要着眼于不断扩大自己的视野，丰富自己的知识，提高自己的水平。

　　方达自小数学领先于方舟方帆，英文则落后于两位姐姐。闲谈玩耍之间，每每谈及方达的学习，两位姐姐及夫人都会时常自然而然地提到方达英文差这一事实。虽然我每回都给她们递眼色，暗示她们不要这样说，却始终收效甚微。久而久之，方达就形成了一个英文差的自我形象。

　　高一初期，方达有两篇作文写得很好，得到授课老师的热情表扬。回家后，他却以讽刺的口吻陈述老师为他的作文所写的评语，意思是说，我英文这么差，你怎么会用这样的语言来赞美我呢？那时我才又一次意识到问题的严重性，决心尽力帮助方达甩掉"英文不好"这个坏标签。

　　我马上告诉方达，老师说你作文好，那时因为她真心认为你的作文写得很好，因为她没有任何理由去夸赞一篇她认为写得不好的作文。后来我又反复提醒他，二年级时他自学国际象棋时展示出来的英文阅读水平，及我们一起安装计算机硬盘时他对网上资料的快速阅读与理解能力；我还告诉他，他的英文长期不如两位姐姐主要是他的阅读量小阅读面窄使然，况且英文最好的方帆姐姐之前也出现过阅读面窄的问题，千万不能认定自己英文永远也不会好起来。

　　慢慢地方达增强了对英文的信心，不仅高一时轻松获得两个Ａ，之后又有进一步的稳步提高，考试成绩呈上升趋势。面对高二第一学期的最后一次考试，方达满怀信心地说："即使我得零分，仍然会得Ａ。"

　　方达的英文不好由来已久。小学四年级时就未能入选英文快班，那时我们就发现他的作文缺乏想象力，内容单调，绝大多数作文都谈论他最喜欢的篮球运动。当时我就帮助过他，一方面告诉他要多写篮球之外的其他内容，另一方面鼓励他多读书，并尝试模仿书中的某些构思和写作手法。我还特意给他讲过文章构想布局方面的基本技巧，并要他为大自然的四个季节各写一篇文章。

结果五年级时他又再次落选英文快班，可见我们的帮助没有立竿见影的效果。孩子年幼，理解能力有限，自己觉得已经跟他讲得很明白，他却仍然似是而非，不知所云，加之又缺乏强大的内在动力，终是不了了之。

方达英文的成长过程可以概括为"理性突破"。想象力和模仿力是幼年孩子学习的主要模式，这些方面又往往是女孩胜于男孩，所以小学初中阶段往往是女生胜于男生。随着年龄的增长，学习模式向理性和逻辑思维方面转变，男生的成绩开始上升并超过女生。从四年级方达落选英文快班起，全家就一直为方达如何提高英文水平出谋划策，经过方达自己不懈的努力，六年后终于实现英文水平的突破。

来自原生环境（两位姐姐）的压力

按自然法则育儿，孩子的生长环境很重要，这个环境包括家庭、学校、和社会三个成分。

美国的学校考试不放榜，也不督促学生刻苦学习，而是提供各种发展机会，让同学们根据自己的兴趣爱好自由选择自己的成长道路。

在美国育儿，孩子的压力主要来自家庭。

大女儿成绩优异，轻松进入普林斯顿，小女儿申请大学时已感受到来自姐姐的压力。方舟的优秀为她树立了一个难以匹敌的榜样，所幸的是方帆终于通过发掘自己的特长而成功获得哈佛等名校录取。现在轮到方达了，两位姐姐给他树立了两个榜样，哪一个都难以匹敌、更难超越。

两位姐姐的成功出乎意料地改变了方达成长的家庭环境，要像两位姐姐那样考入顶级名校成为一个不言而喻的目标，形成一种无形的压力，负面地影响到方达的学习和成长。

虽然方达有条件经常向两位姐姐请教学习诀窍，但每个人都有不同的性格特征和学习方式，要想将她们的诀窍转化成自己的成功并不是一件容易的事情。事实上，在 AP 欧洲史出问题时，方达首先找的就是两位姐姐，结果下次考试更糟！其实方舟和方帆的学习方法也很不一样，方达也必须摸索出自己的方法。读者在养育自己孩子时，应参照本书与其他众多示例，帮助孩子摸索出自己的方法。

按自然法则育儿，我们会教育孩子不要去理会来自外界的压力，不要和别的孩子攀比，凡事尽力而为，能做到什么程度就做到什么程度。美国学校不公布成绩，我们并不知道其他同学的学习情况，不知道学校究竟有多少学生高中四年各科成绩全部得 A。但方舟方帆就在家中，两人都是四年全 A，方达不想知道都不行！这种情况下，他就会自然而然地认为，如果有一个 B，就是彻底失败！压力来自内部，难以消除，方达很难心安理得地在这个环境中自由成长，不得不随时把自己和两位姐姐进行比较。

这是自然体系可能遇到的最严峻挑战，无法消除的内部压力使得原本中性调和的生存环境变得咄咄逼人、充满敌意和挑战，让孩子失去应有的轻松自然。

高二早期，方达在学习 AP 欧洲史的过程中经历了一个多月的极度痛苦，根本原因就是来自两位姐姐的巨大压力。当方达主动和我谈起欧洲史时，他的第一句话就是："我很不幸福，觉得可能进不了前五的大学，要让你和妈妈失望了！"来自两位姐姐的压力昭然若揭。

美国前三十的大学仍然属于世界顶级名校，任何人都没有必要去硬拼前五。何况大学只有四年，人生的路要长得多，没有进前五不意味着一生会不成功。没有两位姐姐的成功，方达就不可能有"进不了前五就是失败"这样的想法。

推而广之，许多孩子在一定程度上就是生活在一个被家庭学校社会改变后、失去了友好亲密关系而变得充满压力的环境之中，所以他们的成长特别艰难。父母望子成龙心切，学校强调孩子必须顽强拼搏，社会媒体大肆渲染神童奇才的励志故事。在这样的压力下，孩子们失去了自由玩耍嬉戏的权利，失去了自由选择的权利，失去了自由使用手机的权利，留给他们的就是读书、拼搏、考试！

二十一、方针既定，策略又改

安装计算机硬盘

方达上初二的那个冬天，他经常使用的那台电脑的硬盘坏了，需要新装一个硬盘。我觉得那是一个学习计算机安装的机会，就在我的指导下，他打开机壳，用螺丝刀卸下螺丝后取出旧硬盘，再装上新硬盘。

计算机和传统机械系统如车辆、飞机、轮船不一样，除机壳硬盘等硬件外，更重要的是软件系统。换上新硬盘，计算机仍然不能正常运作，还需要按要求将硬盘格式化，再装上合适的操作系统。我对计算机系统本来就不很熟练，加之计算机科学发展很快，相关信息日新月异，很多具体信息都需要临时网上搜索寻找。那天我和方达一起忙了好几个小时才把所有问题彻底解决，完成更换硬盘的任务。

整个过程中，方达显示了很强的网上搜索能力，及对相关资料的快速阅读和理解能力，这又可能和他经常玩电子游戏有关。后来方达每每觉得英文差，我就给他讲这件事，坚定他对自己英文水平的信心。

这是一个因材施教的例子，两位女儿没有这样的兴趣，我也不和她们一起做这样的项目。

学习奥数

通过多年帮助方舟求解数学竞赛题，我逐渐摸索出了一些对付怪题偏题的技巧，解题方法也趋于系统化和理论化，帮助方舟在数学竞赛方面取得了一些好成绩，但她始终没有进军奥数的打算，申请大学时也没有申请以数理著称的麻省理工学院。

初三时方达参加八年级的奥数竞赛（AMC8），25道题答对了20道，在全美排2000名左右，激发了他对奥数的热情，从此在我的指导下开始奥数训练。美国奥数竞赛每年进入第二轮的学生有3000多，第三轮约500人，其中约270人为高三高四学生，230人为高一高二学生。可见进入第三轮的难度很大，不过一旦入围，对入读顶级名校会有很大帮助。我特别希望他能在奥数上多下功夫，争取进入第三轮。

遵循育儿自然法则，我让方达根据自己的兴趣爱好来分配时间，结果他分配到奥数上的时间很少，平均一周还不到半小时，开学期间，经常两三周才做一套练习题，又需要两三周来纠正那些不会的题目，寒暑假假期花的时间要多一些。一个重要原因是初二时方达就对视频制作发生兴趣，逐渐占用他大量时间，至高二后期，就逐渐失去对奥数的兴趣，内驱力明显不足。

既然如此，我就再次告诉他，自己事情自己管，要把各项事务都管好，对此他欣然同意，毫无怨言。整个结果其实符合自然法则"没有压力，一步一步往前走"的基本原理，归根结底，是父母愿望与孩子兴趣之间存在调试过程。

按照自然法则育儿，就孩子的终身成就而言，高中阶段的奥数竞赛或其他任何活动都是小插曲，成与不成皆无关紧要；

就育儿应以孩子为中心而言，父母应该欣然接受孩子自身的才能与天赋，不奢求孩子不具备的才华与荣誉，不能在已经发现孩子失去兴趣的情况下，仍然逼迫孩子沿着父母预先为他制定的目标继续前进。

进军AP考试100分

高二时，方达选修AP计算机编程。方舟是在高四已经修完AP微积分和AP物理学，打下坚实的数理基础后，才选修这门课的，方帆则一直没有修这门课，显示了三个孩子不同的天赋和才能。

方达从四年级起开始自学编程，这门课对他来说非常容易，每回考试都是100分。于是老师就对方达说："你应该考虑进军AP考试100分。"这是我第一次听说"AP考试100分"这个概念。以前只知道AP考试5分为满分，能得5分就很满足了。其实AP考试的5分只说明考试成绩在75分以上，离完美的100分还可能有很大距离。AP课程属于大学阶段的课程，高中生修大学课程不容易，考试标准就设得比较低。AP考试100分是一个特殊荣誉，对大学申请会有帮助。

等我知道"AP考试100分"这一殊誉时，方舟已经在普林斯顿上大三，方帆在哈佛上大一，姐妹俩已共参加过31门课AP考试！如果早知道这一殊誉，必然鼓励她们朝这个方向努力，毕竟这是闯入顶级名校的又一砝码。可见我在育儿方面并没有花多少力气！尽管方舟方帆都失去了"AP考试100分"这个机会，仍然成功考入顶级名校，生活的道路很宽阔，选择很多，没有人能尝试所有选择，帮助孩子抓住足够的机会，探索出一条适合于自己的成长道路，不要为一时的得失焦虑不安。

按自然法则育儿，一起顺乎自然，不必挖空心思、大动干戈。有些父母育儿时刻全力以赴，有的妈妈甚至辞退工作，全职育儿。育儿是生活的一部分，不是生活的全部。正确育儿的同时，还应该有自己的事业和追求，有完整的生活，为孩子树立一个好榜样。高学历高智商妈妈全职育儿，如果是女儿，她可能会想，妈妈从小优秀，知识丰富，名校毕业，终归无用，最后还是在家全职带娃，既然如此，我为什么还要学习那么多功课，不如专注于如何育儿来得直截了当？如果是男孩，儿子可能会想，女孩子用不着努力学习。

策略转变

方达早早展示出数学才能和音乐天赋，后来又在国际象棋方面表现突出，转而学习计算机编程，最后是视频制作和艺术才能，弱点则首先表现在英文，后来又有欧洲史，及来自两位姐姐（卓越表现）的压力。

按自然法则育儿，就是早期智力开发，欢乐陪伴，寓教于乐，发现孩子的兴趣特长，让孩子自由自在全面成长，初中毕业之前没有明确的培养计划。美国的大学准备工作始于高中，正好初三时方达在八年级奥数竞赛中取得优异成绩，自然形成"奥数竞赛入围第三轮"的培养策略，与此同时，他在视频制作上花的时间越来越多，奥数热情逐渐减退，一年后就认识到这个策略不符合方达的兴趣特长，策略转变在所必然。养育方帆时我对自然体系的认识还不够深刻，策略一直在被迫改变，出现过一些焦虑与不安；如果重来，策略的不断改变就会自然发生，不会伴随焦虑与不安。

目前方达冲击名校的方向很多，包括音乐文档、艺术文档、奥数竞赛、AP考试100分和出色文书。项目太多，难以样样兼顾，具体什么时候向何方向努力由他自己掌握。最近他在钢琴上下大功夫，音乐文档已成定论，出色文书是必须的，其余都是未知数。孩子尽力而为就是了，能达到什么水平就是什么水平，没有硬性指标。由于从此一切由他做主，尽管他高二还没结束，正面临重重困难，但我的育儿任务却已基本完成！

按自然法则育儿，早期工作做得好，孩子心性素养很高，后期育儿就很轻松。育儿以孩子为中心，孩子兴趣发生变化，策略也要做相应调整，育儿规划贵在灵活易变，能随孩子成长同步调整完善！